Die maltesische Küche
mit über 100 Rezepten

gesammelt, aufgeschrieben und ausprobiert von

Francis Darmanin

verlegt von

Francis Darmanin

ISBN 99909-953-7-0

Zeichnungen: Jack De Domenico
Correction of the manuscript: Ebba von Fersen-Balzan
Fotografie: Francis Darmanin

Abkürzungen und Erklärungen

EL	Eßlöffel
TL	Teelöffel
kg	Kilo
g	Gramm
l	Liter
1 Glas = 2 Deziliter	
1 Tasse = 1,5 Deziliter	
1 Deziliter = $^{1}/_{10}$ Liter	
cm	Zentimeter
mm	Millimeter
min	Minute
Lm1,00	1 maltesische *lira* (= 100 *cents*)
s.S.	siehe Seite

Alle Rezepte sind, wenn nicht anders angegeben, für vier bis sechs Personen berechnet.

Inhalt

Vorwort

vom parlamentarischen Sekretär für Touristik, Herrn Doktor M. Refalo

Die maltesischen Inseln sind jetzt ein sehr gefragtes Urlaubsziel für alle Deutschen geworden. Jedes Jahr empfangen wir Zigtausende aus deutschsprachigen Ländern. Wir haben erfahren, daß sich deutsche Besucher eher von der geschichtlichen und kulturellen Erbschaft angesprochen fühlen als von den schönen blauen Gewässern die unsere Küsten bei einem milden bekömmlichen Klima umspülen. Unsere Kultur, von Sitten und Traditionen durchzogen, die von Generation zu Generation über Jahrtausende vererbt worden sind, spiegelt sich auch in unserer Küche wider, die auf ethnologische und historische Ursprünge zurückzuführen ist. Die ersten Siedler und deren Nachkommen waren Bauern und Fischer und daraus läßt sich schließen, daß der Ertrag der Erde und des Meeres die Grundlage unserer Küche darbietet. Die geographische Lage hat auch unsere Küche geprägt und es mit sich gebracht, daß Überbleibsel von südeuropäischer und nordafrikanischer Gastronomie auch noch vorhanden sind.
Ich gratuliere dem Schriftsteller, Herrn Francis Darmanin, zum Verfassen dieses Buches, welches sowohl ein wundervolles und lehrreiches Mitbringsel wie auch ein fähiges Mittel darstellt, eingeprägte Geschmacke ins Gedächtnis zurückzurufen, während Sie Spezialitäten aus unserem Haushalt kosten.

M.A.REFALO

Einführung

Im Laufe der vielen Jahre als deutschsprechender Reiseleiter in Malta wurde ich oft gefragt wo man typisch maltesisch essen könnte. Obwohl es auf Malta fast 500 (!!) Restaurants gibt, bietet leider nur eine geringe Anzahl typische, einheimische Speisen an.
Auf die Frage: "Wo können wir gut maltesisch essen?"war meine Antwort immer enttäuschend: "Zu Hause, bei einer maltesischen Familie".
Da aber nur sehr wenige Touristen die Gelegenheit haben von einer maltesischen Familie eingeladen zu werden, entschloß ich mich, einige unserer traditionellen Rezepte zu sammeln und mit einigen Bemerkungen über die maltesische Küche als Buch in deutscher Sprache zu veröffentlichen.
Ich habe versucht, die Rezepte so einfach wie möglich zu erklären und ich hoffe, daß Sie nicht nur das Buch lesen, sondern auch Spaß haben werden, die maltesischen Speisen zu Hause auszuprobieren.
Alle Rezepte, die ich für dieses Buch gesammelt habe, sind traditionelle maltesische Rezepte.
Es gibt kein Rezept, das auf die letzten ausländischen Einflüsse zurückgeführt werden kann.
Traditionelle Rezepte variieren nicht nur von Region zu Region, sondern auch von Haushalt zu Haushalt. Es wird immer lange diskutiert, ob Erbsen in eine Tintenfischsauce gehören oder wieviel Schweinefleisch im *ross il-forn* sein soll.
Deshalb habe ich mich für die meisten Rezepte dieses Buches auf die Erfahrung meiner Mutter verlassen, die über 40 Jahre eine maltesische Küche führte und diese Gerichte selbst oft, und immer mit viel Erfolg, zubereitet hat.
Mein Bruder Michael, Taucher und Fischzüchter, hat mir gute Tips für die Fischrezepte gegeben.

Was ist die maltesische Küche?

Unsere traditionelle Küche ist mehr von der geographischen Lage Maltas beeinflußt worden, als von ihrer Geschichte. Obwohl Malta isoliert liegt, klein und felsig ist, sind viele Zutaten vorhanden.
Vom Meer umgeben, gibt es selbstverständlich Fisch, der bei den Maltesern sehr beliebt ist. Kein Dorf ist weiter als 6 km von der Küste entfernt.
Kinder am Strand finden Seeigel und essen sie roh, alte Männer angeln mit Bambusruten kleine Fische, die in Öl frittiert, ganz, mit Kopf und Schwanz, gegessen werden. Schnorchler, die an der felsigen Küste entlangschwimmen, jagen Tintenfisch mit einem besonderen Haken, *ganċ* gennant. Berufsfischer mit Netzen fangen Thunfische und Schwertfische und die bekannten *lampuki.*
Es gibt wenig Erde, die aber ist sehr fruchtbar.
Jeder Meter wird für den Anbau von Gemüse benutzt. Die vielen Steinmauern, die das Landschaftsbild Maltas beherrschen, werden von den Bauern als Schutz gebaut, damit die Erde nicht von Regenwasser weggespült wird.
Malta produziert bemerkenswert viel Gemüse für die fast 350 000 Einwohner und die 700 000 Besucher, die jedes Jahr kommen. Und die Auswahl an Gemüse ist sehr groß: Erbsen, dicke Bohnen, Artischocken, Kohlrabi, Spinat und Blumenkohl im Winter und im Frühling, Tomaten, Zwiebeln, Auberginen, Kürbis, Paprikaschoten und Zucchini im Sommer und Herbst. Die werden auf verschiedene Weise zubereitet, roh mit Käse und Oliven, in Eintöpfen und Suppen, gefüllt und gebacken, in Saucen zu Nudeln und auch in Pastetchen.
Malta hat keine Weiden. Das Vieh wird in Ställen untergebracht und selten gesehen. Rindfleisch ist mehr für langes Kochen geeignet, vielleicht in einer nahrhaften Brühe oder, gespickt, in Wein mit Zwiebeln und Knoblauch geschmort. Aus Schweinefleisch wird die leckere maltesische Wurst gemacht, die mit Koriander gewürzt ist.
Als Malta noch nicht so dicht besiedelt war, dürfte Wild ein wichtiger Teil unserer Ernährung gewesen sein. Obwohl Tausende von Vögeln im Frühling und im Herbst über Malta fliegen, sind es nur die

einheimischen Jäger (von denen es eine große Anzahl gibt) und deren Familien, die heutzutage die Gelegenheit haben Wildgeflügel zu essen. Wildkaninchen ist heute eine Seltenheit, aber es werden vortreffliche Stallkaninchen gezüchtet.
Das maltesische Essen ist mild und schmackhaft, Kräuter wie Thymian, Kümmel und Anis wachsen wild auf den Felsen und Klippen; Majoran, Minze, Rosmarin und Basilikum auf den gepflegten kleinen Terrassenfeldern. Die Stadtmauern Mdinas sind mit Kapernsträuchern bewachsen. In den weitläufigen Obstgärten, von hohen Mauern umgeben und gegen den Wind geschützt, wachsen Lorbeer-, Mandarinen-,Zitronen- und Orangenbäume.
Lorbeerblätter würzen jede Sauce, Mandarinen- und Zitronenschale verfeinern jede Sußigkeit. Aus den Blüten der Orangen wird von Nonnen Orangenblütenwasser gepresst.
Von den bitteren Mandeln, deren zarte Blüten die Landschaft schon im Januar zieren, macht man *rugata*, Mandelsirup, ebenso wird aus den Schoten des Johannisbrotbaumes, des typischen, maltesischen Baumes, ein Sirup hergestellt. Honig, dessen Name **Melita** von den Römern der Insel verliehen wurde, ist eine wichtige Zutat zu vielen Sußspeisen. Oliven, die einst (auch während der Römerzeit) wichtige Produkte waren, werden heute importiert.
Es sind diese Zutaten, unterschiedlich kombiniert, die die Basis für die maltesische Küche bilden: eine typisch mediterrane Küche.
Obwohl die meisten Zutaten, die in der maltesischen Küche Verwendung finden, in Deutschland erhältlich sind, gebe ich hier einige Hinweise über wichtige Zutaten die viel gebraucht werden.

Einige Hinweise auf bestimmte Ingredienzen:

1) In Malta wird immer schwarzer Pfeffer verwandt und vorzugsweise frisch gemahlen.
2) Speck wird häufig verwandt und es ist immer durchwachsener Speck gemeint. Man kann auch **"bacon"** nehmen, der in einigen Supermärkten abgepackt erhältlich ist und dem entspricht, was in Malta benutzt wird.
3) Die maltesische Wurst läßt sich durch grobe Bratwurst (ungeräuchert und roh) ersetzen.

4) *Ilma Żgħar,* Orangenblütenwasser, ist eine konzentrierte Essenz aus zerpressten Orangenblüten.
5) Kapern sind die Knospen des Kapernstrauchs **(Capparis spinosa),** der an Mauern, Bastionen und auf Fels wächst.
Die Blüten dieses Strauchs sind weiß mit langen, violetten Staubfäden. Bevor die Knospen aufblühen (ab Ende Mai bis Juli) werden sie gesammelt und in Salzwasser eingelegt und dann, nach etwa zwei Wochen in Essigwasser gelegt und so gelagert. Sie halten sich auf diese Art viele Monate und werden in Salaten, Saucen,und *Ħobż biż-żejt* verwandt. Kapern sind sicher eine der wichtigsten Zutaten der maltesischen Küche. Maltesische Kapern sind besonders schmackhaft und ein großes Glas Kapern, das weniger als Lm1,50 kostet, ist das ideale Mitbringsel für Freunde und Verwandte.
6) *Ġbejniet,* oder auch "kleine Käse" wurden ursprünglich aus Ziegen- oder Schafsmilch hergestellt. Heute jedoch werden sie, und sie schmecken genausogut!, auch aus Kuhmilch gemacht.
Zuerst wird die Milch erwärmt, aber nicht gekocht, und wird mit Lab gemischt. Das wird dann in eine Schüssel gegossen, so daß der sich eine Molke bildet und der Quark zurückbleibt.
Ist das geschehen, wird der Quark in kleine Körbchen verteilt (*qaleb,* ursprünglich wurden sie aus Schilf geflochten) und geben so weitere Flüssigkeit ab.
Ist der Käse nach etwa 24 Stunden fertig, wird er aus den Körbchen genommen und kann gegessen werden. Oder er wird zum Trocknen an einem luftigen Platz aufbewahrt. Getrocknete *ġbejniet* werden mit Pfeffer bestreut und in einem Glas mit Essig und/oder Öl aufbewahrt.
7) Rikottakäse, von Deutschen oft als Hüttenkäse oder Quark beschrieben wird aus einer Mischung von Milch und Meerwasser gekocht und täglich in großer Menge hergestellt.Manchmal sieht man große Tankwagen an der Küste, die Meerwasser pumpen um das für Rikotta zu verwenden. Die Konsistenz von Rikotta ist glatter, als die von Hüttenkäse und nicht so säuerlich im Geschmack sondern eher neutral.

Wegen des neutralen Geschmacks kann man damit sehr unterschiedliche, pikante und süße Gerichte zubereiten. Mit Salz,

Pfeffer und Kräutern gewürzt, ist Rikotta die ideale Füllung für *torti* (Pasteten) oder als Beilage zu Nudeln und Makkaroni geeignet. Mit Zucker, Honig und Mandeln gemischt wird Rikotta als Füllung für Süßspeisen verwandt. Außerdem ist der Preis niedrig (60*cents* pro Kilo) und auch das macht ihn bei den maltesischen Hausfrauen sehr beliebt.

Witwensuppe (Seite 16)

Suppen

Wenn man gegen zehn Uhr morgens ein maltesisches Haus besucht, läuft einem das Wasser im Mund zusammen.
Die Hausfrau steht in der Küche am Tisch und putzt und schält das Gemüse. Auf dem Herd brodelt ein Topf und der Geruch heißt Sie willkommen: die Hausfrau kocht eine Suppe. Unsere Suppen werden lange gekocht, mit dem Ergebnis, daß sie immer kräftig und schmackhaft sind.

BRODU TAL-LAHAM

Fleischbrühe

500 g Suppenfleisch
ein paar Markknochen
1 Möhre
1 Zwiebel
1 Kohlrabi
2 Kartoffeln
1 Lorbeerblatt
1 TL Salz
1 TL Tomatenmark
*1 Handvoll ċoffi**

Das Suppenfleisch und die Markknochen in den Topf legen, mit Wasser bedecken, mit Salz würzen und $^1/_2$ Stunde ziehen lassen. Fleisch und Knochen aus dem Wasser nehmen. Das geschnittene Gemüse mit einem TL Tomatenmark und 1 Lorbeerblatt im selben Wasser aufkochen. Fleisch und Knochen zurück in den Topf geben, 2 $^1/_2$ Std sieden lassen, dann die *ċoffi* hinzufügen und weitere 7 min kochen.
Das Fleisch als Hauptgericht mit grüner Sauce (s.S. 76) servieren. Als

Kinder haben wir immer zuerst die Flüssigkeit getrunken und dann die in den Suppentassen gebliebenen *ċoffi* mit geriebenem Käse bestreut und gegessen.
Das Knochenmark wird mit Löffeln herausgekratzt und auf frisches Brot gestrichen, mit frisch gemahlenem Pfeffer bestreut und zur Suppe gegessen. Kein Wunder, daß die Malteser so gern Suppe mögen.

**ċoffi* sind kleine Nudelschleifen.

BRODU TAL-MUNTUN

Graupensuppe mit Hammelfleisch

1 Handvoll Graupen
Reste eines Hammelbratens
2 Möhren
1 Zwiebel
1 Kohlrabi
oder 1 kleiner Kohlkopf

Aus den Resten eines Sonntagsbratens wird diese schmackhafte und nahrhafte Wintersuppe zubereitet.
Die Graupen über Nacht einweichen. Das Gemüse in grobe Stücke schneiden. Die Reste (Fleisch und Knochen) des Hammelbratens zusammen mit Graupen und Gemüse in einen Topf tun, Wasser hinzufügen, zum Kochen bringen und, bis die Graupen gar sind, sieden lassen.
Knochen nun aus dem Topf nehmen, das Fleisch ablösen und in die Suppe zurückgeben.
Wenn es viel Fleisch ist (mindestens 300g), wird es in einer weißen Kapernsauce (s.S. 89) als Hauptgericht zubereitet.

BRODU TAL-ILSIEN

Ochsenzungenbrühe

Eine leckere Brühe wird aus Ochsenzunge und Gemüse zubereitet.

1 Ochsenzunge oder 2 Schweinezungen
1 Kohlrabi
1 Möhre
1 Zwiebel
1 kleine Kartoffel
1 Selleriestengel
$^1/_2$ Tasse Reis

Die Zunge in Salzwasser waschen, in den Suppentopf legen mit Wasser übergießen und langsam zum Kochen bringen, abschäumen. Grobgewürfeltes Gemüse zugeben und sieden lassen, bis die Zunge gar ist. Nun den Reis zufügen und noch zehn Minuten kochen. Die Zunge enthäuten und dazu eine pikante Sauce servieren (s.S. 84).

MINESTRA

Gemüsesuppe

Eine dicke Gemüsesuppe, die von den Maltesern sehr geliebt wird. Unsere *minestra* ähnelt nicht der italienischen **minestrone**, die, im Vergleich, recht wässerig ist.

1 Kohlrabi
2 Möhren
1 große Zwiebel
1 Selleriestengel
$^1/_2$ kleiner Blumenkohl
2 Kartoffeln
$^1/_4$ Weißkohl
500g Kürbis
*1 Handvoll żibeġ**
2 TL Tomatenmark

Das Gemüse fein würfeln.
2 Liter Wasser mit 2 TL Tomatenmark aufkochen lassen. Das Gemüse ins kochende Salzwasser geben, 1 EL Olivenöl dazugeben, mit Salz und Pfeffer würzen.
Nochmals zum Kochen bringen, Flamme kleiner stellen und $1^1/_2$ Std sieden lassen. Nun eine Handvoll *żibeġ* hinzufügen und 15 min weiterkochen. Mit geriebenem Parmesankäse servieren. Diese Suppe muß dickflüssig sein.
Durch den Kürbis bekommt sie eine schöne, orangene Farbe. An diese schöne Farbe denkt man, wenn man *minestra* erwähnt.

**Żibeġ* sind eine Art von Nudeln, fast wie Makkaroni aber nur 1cm lang.

KAWLATA

Kräftige Gemüsesuppe mit Wurst

Eine kräftige und nahrhafte Gemüsesuppe mit Wurst oder Schweinefleisch.

250g Kürbis
1 Kohlrabi
4 Möhren
1/2 Weißkohl
1 Selleriestengel
4 kleine Kartoffeln
2 Zwiebeln
500g Schweinebauch oder 5 Würste (maltesische)†
1 Lorbeerblatt

Das Fleisch oder die Würste mit Wasser übergießen, aufkochen und abschäumen. Das grobgewürfelte Gemüse und das Lorbeerblatt dazugeben.
Bei geringer bis mittlerer Hitze sieden lassen, bis das Fleisch gar ist. Für eine komplette Mahlzeit kann man, am Ende der Kochzeit, eine Handvoll *żibeġ** hinzufügen und weiterkochen, bis die *żibeġ* bißfest sind.

**Żibeġ*: kleine Makkaroni, siehe vorhergehendes Rezept.
† s.S. 7

SOPPA TAL-ARMLA

Witwensuppe

2 Zwiebeln
1 Kohlrabi
2 Möhren
1 Selleriestengel
500 g Spinat
1 kleiner Blumenkohl
2 Kartoffeln
100 g Erbsen
100 g dicke Bohnen
4 Eier
*400 g Rikotta**
4 ġbejniet†
1 EL Tomatenmark

Die in Ringe geschnittenen Zwiebeln in Olivenöl im Suppentopf weichdünsten. Einen EL Tomatenmark und eine Tasse lauwarmes Wasser dazugeben und gut vermischen. Das gewürfelte Gemüse, bis auf den Spinat, hinzufügen und mit Wasser übergießen, würzen, aufkochen lassen und die Flamme kleiner stellen.
Den Spinat gut waschen, zerschneiden und erst nach 20 min in den Topf geben. Die Suppe 1 Std bei geringer Hitze sieden lassen.
Nun die 4 Eier in der Suppe pochieren. Auf jeden Suppenteller ein pochiertes Ei, ein Stück Rikotta (100g) und 1 *ġbejna* (oder anderen Käse) anrichten und mit der warmen Suppe begießen.

* Rikotta s.S. 8.
†*ġbejniet* s.S. 8.

KUSKSU

Frühlingssuppe

Kusksu wird im Frühling und zu Ostern gegessen, in der Zeit wenn dicke Bohnen geerntet werden und sehr billig sind. Diese Suppe hat ihren Namen von den kleinen perlförmigen Nudeln, die der Suppe ihre besondere, dicke Konsistenz verleihen.
Pakete mit diesen *kusksu* "Perlen" sind in Malta in jedem Laden erhältlich, meistens zwischen März und Mai, wie auch die dicken Bohnen.

1 kg dicke Bohnen
1 Handvoll Erbsen
2 Zwiebeln
1/2 Paket kusksu (250g)
Tomatenmark

Die gewürfelten Zwiebeln in Olivenöl leicht anbraten. 2EL Tomatenmark und eine Tasse warmes Wasser in den Topf gießen, rühren und langsam erhitzen. Die Bohnen und Erbsen zufügen, mehr Wasser dazugießen und aufkochen lassen. Nach 25 Minuten die Hälfte eines *kusksu*-Pakets zugeben und weitere 20 min kochen. Mit Parmesankäse anrichten.
Zu Ostern mögen Kinder diese Mahlzeit besonders gern.

ALJOTTA

Maltesische Fischsuppe

Das maltesische Wort für Fischsuppe, *aljotta,* stammt aus dem Italienischen: alio, für Knoblauch. Für unsere *aljotta* eine echte Fischsuppe, wird eine Menge Knoblauch benutzt.

Man nimmt Kopf, Schwanz und Flossen eines mittelgroßen Fisches, z.B. *lampuki* oder *ċerna* (Zackenbarsch) oder 6 kleinere, ganze, ausgenommene Fische, wie Skorpionfisch der für dieses Rezept sehr geeignet ist.*

Es werden manchmal als besonders schmackhafte Zutaten Tintenfischtentakel, ein paar kleine Krebse oder auch Seeanemonen zugefügt.

2 große Zwiebeln
10 Knoblauchzehen
je ein kleines Bund Majoran und Minze
3 Tomaten
Tomatenmark
$^1/_2$ Tasse Reis
Zitronenstücke

Zuerst muß man die *toqlija*, eine Art Sauce zubereiten: die gewürfelten Zwiebeln in Olivenöl in der Bratpfanne glasig werden lassen. Die geschälten und geschnittenen Tomaten und Knoblauchzehen zufügen. 1 TL Tomatenmark mit 1 Tasse lauwarmen Wasser verrürhen, in die Bratpfanne gießen, mit Majoranblättern und Minze würzen und 10 min stark kochen.

Den Fisch nun in den Suppentopf geben und die Sauce darübergießen, mit Wasser bedecken, mit Salz abschmecken, erhitzen und $^1/_2$ Std sieden lassen.

Die Fischstücke nun aus dem Topf nehmen, Gräten und Häute entfernen und das Fleisch zurückgeben, den Reis zufügen und noch 15 min kochen lassen.

In Suppentassen mit Zitronenscheiben servieren.

*Können mit anderen in Deutschland erhältlichen Fischsorten ersetzt werden.

BRODU TAL-QAFAS TAD-DUNDJAN

Truthahnsuppe

Viele maltesische Familien folgen der britischen Weihnachtstradition und braten einen Truthahn am Weihnachtstag. Am zweiten Weihnachtstag wird eine ausgezeichnete Suppe mit den Resten des Truthahnbratens zubereitet.

Reste eines gerbratenen Truthahns (inkl. Haut und Knochen)
2 Zwiebeln
2 Möhren
1 Kohlrabi
2-4 Kartoffeln
1 Selleriestengel
1 Lorbeerblatt
1 kleiner Zweig Rosmarin
2 Salbeiblätter
3 EL Grießmehl
1 Zitrone

Truthahnreste und grobgehacktes Gemüse in den Suppentopf tun, mit Wasser knapp bedecken, die Kräuter zugeben, langsam erwärmen und zugedeckt $1^1/_2$ Std sehr schwach sieden lassen.
Haut und Knochen aus dem Topf nehmen, alles Fleisch von den Knochen lösen, und züruck in den Topf geben.Nun das Grießmehl zufügen und weitere 5 min kochen. In Suppentassen mit Zitronenvierteln reichen.
Selbstverständlich kann man auf die gleiche Weise auch aus den Resten eines gerbratenen Huhnes eine Suppe zubereiten.

SOPPA TAL-QARA AHMAR

Cremige Kürbissuppe

Das letzte Rezept dieses Kapitels ist für eine cremige Suppe, im Gegensatz zu den traditionellen, kräftigen Gemüsesuppen.

1kg Kürbis (oder Zucchini oder je 500g von beiden)
2 Kartoffeln
1 Selleriestengel
2 Zwiebeln
Salz und Pfeffer
geröstete Brotwürfel

Die geschnittenen Zwiebeln in Butter kurz andünsten, die grobgewürfelten Kürbisstücke und Kartoffeln hinzugeben, leicht anbraten und mit heißem Wasser oder Brühe ablöschen. Brodelnd kochen lassen bis Gemüse und Kartoffeln weich sind. Mit einer Gabel das Gemüse zerdrücken und dann alles durch ein feines Sieb passieren, mit Salz und Pfeffer abschmecken und mit kleinen gerösteten Brotwürfeln servieren.

BIGILLA

Salate und Gemüsegerichte

Obwohl Malta eine kleine, felsige Insel ist, ist die Erde sehr fruchtbar. Zweimal im Jahr wird geerntet. Die Ernte ist von sehr guter Qualität und die Gemüseauswahl ist groß.
Gemüseverkäufer kommen jeden Tag in die Dörfer und Städte. Meistens parken sie bei der Kirche oder am Hauptplatz; hier kauft die maltesische Hausfrau Gemüse.
Trotz fester Preise feilscht sie öfters, jedes Stück nimmt sie selbst in die Hand, um sicher zu sein, daß es das Richtige für die geplante Mahlzeit ist.
Im Sommer gibt es viele Tomaten, meist für *Hobz biż-żejt* benutzt, ein beliebter Imbiß, wunderschöne, purpurne Auberginen und große Zucchini zum Füllen. Grüne Paprikaschoten und Zwiebeln für *kapunata* (pikanter Salat), der zu Fisch serviert wird.
Die großen Kürbisse, die im Winter auf den Dächern der Bauernhäuser liegen, um in der Sonne reif zu werden, werden im Sommer stückchenweise verkauft und in der *minestra* gekocht. Dicke Bohnen, Artischocken und Blumenkohl sind im Frühling am besten und billigsten: damit werden ausgezeichnete Eintöpfe zubereitet, zusammen mit anderem Gemüse, Fleisch und Fisch.
Diejenigen, die gerne Gemüse essen, werden von der maltesischen Küche nicht enttäuscht sein.

Wintergemüse

STUFFAT TAL-PASTARD

Blumenkohleintopf

1 kleiner Blumenkohl oder die Hälfte eines Großen
6 mittelgroße Kartoffeln
1 Handvoll Rosinen
6 Oliven
2 große Zwiebeln
3 EL Olivenöl
Majoranblätter
Minze
1 EL Tomatenmark

Das Öl in einen Topf oder eine große Bratpfanne gießen. Die in Scheiben geschnittene Zwiebel darin anbraten. Einen EL Tomatenmark mit ein wenig Wasser verrühren und in die Pfanne rühren. 10 min kochen lassen. Die Kartoffeln dazugeben, mit Majoran und Minze würzen, mit Salz und Pfeffer abschmecken, knapp mit Wasser bedecken und 15 min kochen. Nun die Blumenkohlröschen, Oliven und Rosinen dazugeben und leicht sieden lassen, bis der Blumenkohl gar ist. Ein wenig Olivenöl darübertröpfeln.
Man kann das abkühlen lassen und mit Thunfisch aus der Dose servieren. Schmeckt sehr lecker!

INSALATA TAS-SUSTANZA

Geschmorter Salat

500g Zucchini
500g grüne Bohnen
2 Zwiebeln
4-5 Kartoffeln
4 große Knoblauchzehen
2 TL Tomatenmark
1 EL Olivenöl
ein kleines Bund Majoran
1/2 Tasse frische oder getrocknete Minzeblätter
Salz und Pfeffer

Das Öl in einen Bräter gießen. Die Bohnen und die, in dicke Scheiben geschnittenen, Zucchini, Kartoffeln und Zwiebeln hineinschichten. Zwischen die Schichten die zerdrückten Knoblauchzehen, Majoran- und Minzeblätter streuen. 1/2 Tasse Wasser mit dem Tomatenmark verrührt hinzugießen. Etwas Olivenöl darüberträufeln, reichlich mit Salz und Pfeffer abschmecken.
Zugedeckt aufkochen lassen, dann die Hitze reduzieren und 1 Stunde schmoren lassen.
Schmeckt zu allen Fischspeisen und ist auch für Vegetarier geeignet.

FUL TAN-NANNA

Großmutters Bohnen

1kg dicke Bohnen
1 Scheibe Weißbrot
3 Knoblauchzehen
1 kleines Bund Petersilie
Essig
Salz und Pfeffer

Die Bohnen enthülsen, knapp mit Wasser bedecken, bißfest, aber nicht weich kochen, vom Herd nehmen und im Sieb abtropfen lassen. Die Brotscheibe 30min in Essig einweichen und dann ausdrücken. Das gehackte Brot und den zerdrückten Knoblauch nun in einem Topf mit den Bohnen vermischen. Mit Salz und Pfeffer aus der Mühle würzen, mit Olivenöl bespritzen und mit feingehackter Petersilie bestreuen, 3min anwärmen.
Als Beilage zu Fleisch oder Fisch servieren.

FUL IMGIDDEM

"gebissene" Bohnen

Ein anderes Rezept für diese nahrhaften Bohnen.

1kg Bohnen
1 große Zwiebel
2 EL Tomatenmark
1 dicke Brotscheibe
frische oder getrocknete Minzeblätter
Salz und Pfeffer
Olivenöl

Die Bohnen enthülsen. Mit einem scharfen Messer in jede Bohne einen 1cm langen Schnitt ritzen.
Das Brot wie im vorherigen Rezept zubereiten. Die gewürfelte Zwiebel 10min in Olivenöl andünsten. Das Tomatenpüree mit einer Tasse Wasser verrühren und hinzufügen und wenige Minuten kochen lassen.
Die Bohnen dazugeben, mit Wasser übergießen und erhitzen, bis die Bohnen zart sind. Vom Herd nehmen.
Das zerbröselte Brot, die Minzeblätter, Salz und frischgemahlenen Pfeffer mit den Bohnen vermischen.
Ideal als Abendbrot oder als Imbiß.

BIGILLA

Würzige Bohnenpaste

Zum Ende des Frühlings gibt es große Mengen von Saubohnen, die getrocknet und meistens als Futter benutzt werden. Man macht daraus aber auch *bigilla*, eine traditionelle und leckere Speise.

500g getrocknete Saubohnen
$^{1}/_{2}$Tasse Olivenöl
Saft einer Zitrone
8 Knoblauchzehen
1 kleines Bund Petersilie
1 kleines Bund Majoran
1 TL Cayenne-Pfeffer
Salz

Die Bohnen 24 Std einweichen, das Wasser mindestens zweimal wechseln. In frischem Wasser die Bohnen $1^{1}/_{2}$ Std kochen. Das verbliebene Wasser abgießen, die Bohnen zerstampfen oder durch den Fleischwolf drehen. Die Bohnenmasse mit Öl und Zitronensaft zu einer glatten Paste vermengen.

Die zerstoßenen Knoblauchzehen, die feingehackten Majoran-und Petersilienblätter und den Cayenne-Pfeffer dazumischen. Mit Salz abschmecken.
Frische Brotscheiben erst mit Tomatenmark und dann mit *Bigilla*-Paste bestreichen und Olivenöl darüberträufeln. Früher gab es auch Verkäufer, die von Karren *bigilla* auf den Straßen verkauften. Heutzutage sieht man diese *Bigilla*-Verkäufer kaum noch.

FORMA TAL-PIŻELLI

Erbsenpudding

500g Erbsen
200g Schweinefleisch (Bauch)
200g Hühnerinnereien (Leber und Magen)
2 Zwiebeln
2 ganze Eier
2 Eigelb
1 Prise Thymian
Salz und Pfeffer

Die feingeschnittenen Zwiebeln in viel Butter weichdünsten, die gehackte Hühnerleber und die Mägen und das gewürfelte Schweinefleisch dazugeben, anbräunen und das Ganze zugedeckt zu einer dicklichen Sauce einkochen lassen.
Die Erbsen in nur wenig Wasser weichkochen, abgießen und durch ein Sieb streichen oder im Mixer pürieren.
Die 2 ganzen Eier mit den 2 Eigelb verquirlen und zusammen mit nur $^{1}/_{3}$ der Sauce in das Erbsenpüree hineinrühren. Mit Salz, Pfeffer und Thymian abschmecken und die Masse in eine gebutterte Puddingform hineingießen. In ein heißes aber nicht kochendes Wasserbad (bis zu $^{3}/_{4}$ Höhe) stellen und 1-2 Stunden schwach kochen, bis ein Messer beim Einstich sauber wieder herausgezogen wird.
Etwas erkalten lassen, vorsichtig stürzen, in dicken Scheiben mit dem Rest der Sauce begossen, servieren.

STUFFAT TAL-QAQOĊĊ BIL-FUL U PIŻELLI

Artischockeneintopf mit Bohnen und Erbsen

Ein Eintopfgericht das sich für Vegetarier eignet und zur Fastenzeit zubereitet wird.

6 Artischocken
500g dicke Bohnen
250g Erbsen
2 Zwiebeln
1 Zitrone, halbiert
Olivenöl
1 EL Tomatenmark
Salz, Pfeffer, Kräuter

Bohnen und Erbsen enthülsen. Die äußeren Artischokenblätter abziehen, die Herzen mit der Zitrone einreiben, dann vierteln. Im Öl die in Ringe geschnittenen Zwiebeln anschmoren, das Tomatenmark mit $^{1}/_{2}$Tasse Wasser vermischen, in die Pfanne gießen und zum Kochen bringen. Das restliche Gemüse hinzufügen und, wenn nötig, mehr Wasser dazugießen. Mit Salz und Pfeffer abschmecken, nach Belieben feingehackte Kräuter (Petersilie, Basilikum, Thymian) beimischen und leicht sieden lassen, bis die Artischockenherzen gar sind.

QLUB TAL-QAQOĊĊ LA TORKA

Artischockenherzen nach türkischer Art

Dieses Rezept dürften türkische Sklaven eingeführt haben. Napoleon war es, der Ende des 18ten Jahrhunderts die Sklaverei auf Malta abgeschafft hat.

8 Artischocken
Knoblauch
1 Zitrone, halbiert
1 Bund Petersilie
Pfeffer aus der Mühle
1 TL Salz
2 TL Maismehl

Die äußeren Artischockenblätter abziehen, die Herzen halbieren und rundherum mit einer Zitronenhälfte einreiben. Die zweite Zitronenhälfte mit den Herzen in einen Topf tun, mit Wasser bedecken und weichkochen.
Die Hälfte des übriggebliebenen Wassers abgießen. Das Maismehl mit ein wenig kaltem Wasser vermischen, in den Topf hineingießen und 5 min aufwallen lassen.
Nach Belieben mit zertoßenem Knoblauch und frisch gemahlenem Pfeffer würzen, mit feingehackter Petersilie bestreuen und mit Olivenöl beträufeln.
Dieses Gericht wird häufig im späten Winter zubereitet, wenn es viele und billige Artischocken gibt.

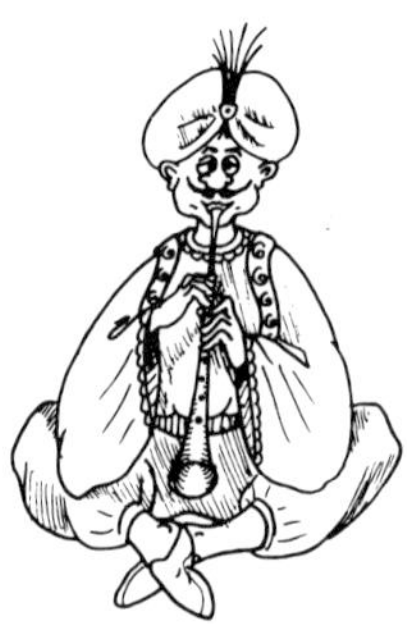

QAQOĊĊ MIMLI

Gefüllte Artischocken

4 Artischocken
60g Semmelbrösel
6 Knoblauchzehen
1 EL Kapern
8 (grüne oder schwarze) Oliven
1 EL Essig
Olivenöl
Salz und Pfeffer
1 Bund Petersilie

Die Artischocken an der Tischplatte rundherum leicht klopfen. $^1/_2$ Stunde in gesalzenes Wasser legen.
Inzwischen die Füllung zubereiten: Oliven und Kapern zerschneiden, Knoblauch zerkleinern, Petersilie hacken, mit den Bröseln vermischen, mit Salz und frischgemahlenem Pfeffer würzen und etwas Olivenöl dazugeben.
Die Artischocken trockenschwenken, die Blätter auseinanderbiegen und die Füllung hineinstopfen.
Die gefüllten Artischocken aufrecht in einen Topf, dicht nebeneinander, stellen, bis zu 5cm Höhe Wasser hineingießen, den Essig darauftröpfeln, zugedeckt aufkochen lassen, den Herd kleinerstellen und schwach köcheln lassen, bis die Blätter sich leicht lösen lassen.
Dazu kann man grüne Sauce (s.S. 76) oder eine Tomatensauce servieren. Die Blätter werden, eins nach dem anderen, in die Sauce eingetunkt und gegessen.
Zu den Herzen paßt auch eine gute Mayonnaise oder maltesische Sauce (s.S. 59)
Ideal als Vorspeise.

ŻEBBUĠ MIMLI

Gefüllte Oliven / und: Gefüllte Oliven in Teig gebacken

Sowohl in Malta als auch Gozo gibt es ein Dorf namens *Żebbuġ*. *Żebbuġ* heißt auf maltesisch - Oliven. Früher wurden dort Olivenbäume gepflegt zur Produktion von Olivenöl.

30 große grüne Oliven
Brösel 2 dicker, alter Weißbrotscheiben
6 Anschovisfilets (geputzt und zerhackt)
1-2 TL Kapern
3 zerkleinerte Knoblauchzehen
je nach Belieben, gehackte Kräuter (Majoran oder Basilikum)
etwas Olivenöl zum Binden.

Die entkernten Oliven mit einer aus den Zutaten vorbereiteten Mischung füllen.
Diese köstlichen gefüllten Oliven sind ideal als Partyhappen oder zu Cocktails.
Man kann die Oliven auch durch einen flüssigen Teig (s.S. 67) ziehen und in sehr heißem Öl schwimmend, goldbraun braten.

Sommergemüse

BRINĠIEL MIMLI FIL-FORN

Gebackene Auberginen mit Kartoffeln

3 Auberginen
6 große Kartoffeln
1 große Zwiebel
500g gemischtes Hackfleisch
2 Eier
2 Knoblauchzehen
2 EL geriebener Parmesan
1 EL Tomatenmark
Thymian
Pfeffer und Salz

Die Auberginen der Länge nach halbieren, $^1/_2$ Std in gesalzenes Wasser legen, 15 min abbrühen, abtropfen und abkühlen lassen. Etwas von dem Auberginenfleisch auskratzen und beiseite legen. In einer großen Pfanne die gewürfelte Zwiebel mit dem Gehackten braun braten, Auberginenfleisch und Tomatenmark zugeben und auf kleiner Flamme noch ein paar Minuten kochen lassen. Vom Feuer nehmen und abkühlen lassen.
Nun die verquirlten Eier und den geriebenen Käse hineinmischen. Nach Belieben mit Thymian, Pfeffer und Salz würzen.
Die Auberginen mit dieser Masse füllen.
Eine ofenfeste Form ausfetten, mit den dicken Kartoffelscheiben belegen und mit zerstoßenem Knoblauch, frisch gemahlenem Pfeffer und Salz bestreuen.
Die gefüllten Auberginen auf das Kartoffelbett legen und bie mittlerer Hitze im Ofen braten, bis die Kartoffeln gar sind. Sollten die Auberginen eher fertig sein, nimmt man sie heraus. Statt Auberginen kann man auch große Zucchini auf diese Weise zubereiten.

FORMA TAL-BRINĠIEL

Auberginenauflauf

Im Spätsommer, wenn Auberginen zahlreich und sehr billig sind, wird dieses ausgezeichnete und leckere Gericht zubereitet.

2 große oder 3 kleinere Auberginen
6 Tomaten
3 Eier
60g Parmesan
3 Knoblauchzehen
1 kleines Bund Basilikum
Salz und Pfeffer

Die Auberginen schälen, in etwa 1cm dicke Scheiben schneiden, $^{1}/_{2}$ Std in gesalzenes Wasser legen und dann in einem Sieb abtropfen lassen.
Inzwischen eine Tomatensauce zubereiten: in Olivenöl die ganzen Knoblauchzehen glasig dünsten. Die Basilikumblätter und die geschälten und kleingeschnittenen Tomaten zufügen, mit Salz und wenig Pfeffer abschmecken und $^{1}/_{2}$ Std sieden lassen. Nun die Auberginenscheiben kurz in Olivenöl hellbraun braten und auf Haushaltspapier abtropfen lassen.
Eine Puddingform mit Butter fetten, 3-4 Auberginenscheiben auf den Boden der Form legen, mit Tomatensauce begießen, mit geriebenem Parmesan bestreuen, ein verquirltes Ei hinzugießen, noch vier Auberginenscheiben darauf verteilen und das, bis die Form zu $^{4}/_{5}$ gefüllt ist, wiederholen.
Die Puddingform mit Pergamentpapier umwickeln und das Papier unter dem äußeren Rand mit Schnur festbinden und 1 Std in einem großen Topf mit kochendem Wasser dämpfen. Auskühlen lassen. Den Auflauf aus der Form gleiten lassen, in dicke Scheiben schneiden und mit Tomatensauce und geriebenem Käse anrichten.

FRITTURI TAL-FJUR TAL-QARA BAGHLI

Zucchiniblüten in Eierteig gebacken

Schon im April verzieren die lebhaft gelborangefarbenen Blüten der Zucchinipflanze die kleinen Terrassenfelder Maltas. Diese Blüten sind auch eßbar und werden in Eierteig gebacken.

8 Zucchiniblüten
2 Eigelb
2 Eiweiß
gehackte Petersilie
Zitronensaft
Butter oder Öl zum Braten

Die Zucchiniblüten unter fließendem Wasser abspülen, alle harten Teile entfernen, abtropfen lassen. Das Eigelb schaumig rühren, das Eiweiß zu Schnee schlagen und unter das Eigelb heben.
Die Zucchiniblüten in die Eiermasse eintauchen und in viel Butter oder Öl von allen Seiten golden braten. Mit Zitronensaft beträufelt und Petersilie bestreut warm servieren.

FRITTURI TAL-ĦAXIX

Gemischtes Gemüse in Eierteig gebacken

Andere Gemüsesorten, die auf diese Art zubereitet werden können, sind Flaschenkürbis und Blumenkohl.

1 nicht zu großer Flaschenkürbis oder 1 nicht zu großer Blumenkohlkopf
2 Eigelb
2 Eiweiß
gehackte Petersilie
1 Zitrone
Salz
Butter oder Öl zum Braten

Das Gemüse halb garkochen und abkühlen lassen. Flaschenkürbis in 5mm dicke Scheiben schneiden. Vom Blumenkohl die Röschen abschneiden.
Die Eigelb leicht rühren und den Eischnee unterziehen, mit einer Prise Salz und gehackter Petersilie (eventuell auch Thymian) würzen.
Die Gemüsestücke darin eintunken und im heißen Öl oder Butter von beiden Seiten knusprig braten. Mit Zitronenachteln anrichten.
Das innen bißfeste Gemüse ergibt einen unerwarteten Kontrast zu dem äußeren, knusprig gebackenen Eierteig.

QARA TWIL MIMLI

Gefüllter Flaschenkürbis

1 Flaschenkürbis von etwas unter 1kg
500kg gehacktes Schweinefleisch
1 große Zwiebel
2 Eier
1 TL Koriandersamen
Salz und Pfeffer

Flaschenkürbis von außen waschen, in etwa 6cm lange Stücke schneiden, die sorgfältig ausgehöhlt werden. Die Seitenwände sollen nicht dicker als 1 cm sein.

In einer Schüssel das Hackfleisch mit den leicht gerösteten zerstoßenen Koriandersamen und der geriebenen Zwiebel würzen, mit den verquirlten Eiern binden, mit Salz und viel Pfeffer aus der Mühle abschmecken.

Die ausgehöhlten Flaschenkürbisstücke mit der Farce stopfen, die Öffnungen mit etwas Mehl bestäuben und in einer Fleischbrühe (s.S. 11) garen und mit "grüner Sauce" (s.S. 76) reichen oder in einem Schmortopf mit Tomatensauce (s.S. 99) 40min schmoren.

KAPUNATA

Pikanter Paprikasalat

2 Auberginen
6 grüne Paprikaschoten
6 große Tomaten
2 Zwiebeln
4 Knoblauchzehen
6 Oliven
1 EL Kapern
Majoran-und Basilikumblätter
Olivenöl

Das Öl in einer großen Pfanne erhitzen, die in Ringe geschnittenen Zwiebeln etwa 3min darin anschwitzen. Dazu die grobgewürfelten Auberginen, die geputzten, entkernten und in breite Streifen geschnittenen Paprikaschoten, die geschälten und gehackten Tomaten und den zerstoßenen Knoblauch geben. Mit Salz und Pfeffer kräftig abschmecken und zugedeckt, bei schwacher Hitze, schmoren lassen, bis die Paprikaschoten gar sind.
Vom Herd nehmen und die kleingeschnittenen Oliven, Kräuter und Kapern hineinrühren.
Warm oder ausgekühlt schmeckt dieser leckere Sommersalat zu allen Fisch-und vielen Fleischgerichten.

BŻAR AĦDAR MIMLI BL-INĊOVA

Grüne Paprikaschoten mit Anschovis gefüllt

4 große grüne Paprikaschoten
3 Tassen Semmelbrösel
1 EL Kapern
8 Oliven
8 Anschovis
1 EL Olivenöl
1 kleines Bund Petersilie
1 kleines Bund Minze
Pfeffer aus der Mühle

Die Schoten waschen und abtrocknen, die Stiele abschneiden, die inneren weißen Scheidewände entfernen und die Schoten entkernen. Die Anschovis gründlich putzen und zerchneiden, die Oliven entkernen und vierteln.

Anschovis, Oliven, Kapern und die feingehackten Kräuter mit den Semmelbröseln in einer Schüssel vermengen. Mit Pfeffer würzen und mit dem Öl zu einer festen Masse verarbeiten. Mit der Mischung die Schoten füllen und rundherum in heißem Öl goldbraun braten und dann gar schmoren.

BŻAR AĦDAR MIMLI BIL-LAĦAM

Gefüllte Paprikaschoten mit Fleisch und Reis

6 Paprikaschoten
300g Hackfleisch (gemischt)
1 Speckscheibe
1 große Zwiebel
3 Tassen gekochter Reis
1 EL Tomatenmark
1 EL geriebener Käse
1 Ei
1 EL Olivenöl
1 TL Thymian
Salz und Pfeffer

Die Schoten waschen und abtropfen lassen, die Stiele, die inneren weißen Scheidewände und die Kerne entfernen. Das Öl in einer großen Bratpfanne erhitzen, die gewürfelte Zwiebel darin 3 min anschwitzen, unter Rühren Hackfleisch und Tomatenmark zufügen und etwas schmoren lassen. Die Pfanne vom Feuer nehmen und auskühlen lassen. Darein den Reis, den kleingeschnittenen Speck, das verquirlte Ei, den geriebenen Käse und den Thymian mischen. Nach Belieben mit Salz und Pfeffer würzen. Die Schoten mit dieser Mischung füllen und wie im vorigen Rezept in Öl schmoren, bis sie gar sind.

QARA BAGHLI MIMLI FIL-BRODU

Gefüllte Zucchini in Brühe

1 kg große Zucchini
500g Rinderhack
2 Schinken-oder Speckscheiben
2 Eier
2 EL geriebener Käse
1 Zwiebel
1 kleines Bund Petersilie
Muskatnuß
Salz und Pfeffer

Für die Brühe:

Markknochen
Gemüse (Kohlrabi, Möhre, Selleriestengel, Zwiebel, Kartoffel)

Die Zucchini aushöhlen und das Fruchtfleisch aufbewahren. In einer Schüssel die kleingewürfelte Zwiebel, das Hackfleisch, den kleingeschnittenen Speck, das Fruchtfleisch der Zucchini, die verquirlten Eier und den geriebenen Käse gut vermischen. Nach Belieben mit Salz, Pfeffer aus der Mühle, feingehackter Petersilie und geriebener Muskatnuß würzen.
Mit dieser Mischung die ausgehöhlten Zucchini füllen, die Öffnungen mit Mehl bestäuben: dadurch läuft die Füllung während des Kochens nicht aus.
Nun die Brühe zubereiten und die Zucchini 45 min darin garen. Die schmackhafte Brühe wird als Vorspeise und die gefüllten Zucchini als Hauptgericht mit "grüner Sauce" (s.S. 76) oder Kapernsauce (s.S. 63) serviert.

QARA BAGHLI BIZ-ZALZA PIKKANTI

Zucchini in pikanter Sauce

1kg Zucchini
1 Tasse Olivenöl
pikante Sauce (s.S. 63)

Die gewaschenen und geputzten Zucchini in $^1/_2$cm dicke Scheiben schneiden. Die Zucchinischeiben auf beiden Seiten im Öl golden anbraten. Auf Haushaltspapier abtropfen lassen, in eine Schüssel legen und mit der pikanten Sauce übergießen. Ideal als Beilage zu gegrilltem oder gebratenem Fisch.

CHUTNEY TAL-QARA BAGHLI

Zucchini-Chutney

1,5kg Zucchini
250g grüne Äpfel
250g Schalotten
250g Sultaninen
4 EL Zucker
1-2cm dickes Stück Ingwerwurzel
20 Pfefferkörner
$^3/_4$ l Weinessig

Die geputzten Zucchini in grobe Stücke schneiden, reichlich salzen und die Nacht über ziehen lassen.
Abgießen und abspülen, zusammen mit den geschälten und entkernten Äpfeln, den feingeschnittenen Schalotten, den Sultaninen, dem Zucker, dem leicht, geklopften Ingwer und den Pfefferkörnern in eine große Pfanne geben und den Essig darübergießen. Langsam zum Kochen bringen und unter häufigem Umrühren sieden lassen, bis alles Flüssigkeit aufgesogen ist (etwa $1^1/_2$ Std).

Den Ingwer herausnehmen und das Chutney in warme, sterilisierte Gläser gießen. Mit zurechtgeschnittenem Pergamentpapier abdecken und gut schließen. Die Gläser im Kühlschrank aufbewahren.
Dieses Chutney schmeckt zu fast allen Reis - (z.B. *Ross il-forn* s.S. 94) und vielen Fleisch-und Fischgerichten.

Großmutters Bohnen (Seite 26)

Geflügel, Kaninchen und Schnecken

Wildgeflügel wird während der Zugzeit (April/Mai, September/November) gefangen und von der normalen Familie nur gegessen wenn es von einem Jäger geschenkt wird. Beim Metzger und in den Restaurants ist es meistens nicht erhältlich.
Jedes Jahr werden in Malta 2 Millionen Zuchtkaninchen geschlachtet (im Durchschnitt 6 Kaninchen pro Kopf, jährlich), eine sehr hohe Zahl.
Die Vorliebe der Malteser für Kaninchen muß mit dem alten Jagdinstinkt zu tun haben.
In der Umgebung von Rabat, wo viele Kaninchen gezüchtet werden, gibt es in den kleinen Dörfern (z.B. Mġarr, Baħrija), zahlreiche kleine Restaurants und Kneipen, die auf ihrer Speisekarte fast ausschließlich Kaninchen haben. Am Wochenende fahren viele Malteser aus den Städten zu diesen Dörfern, um dort eine *fenkata* zu essen: *fenkata* bedeutet eine Mahlzeit mit Kaninchen.
Das Kaninchen wird in Sauce mit vielen Gewürzen zubereitet. Diese Sauce wird, zusammen mit Spaghetti, als Vorspeise serviert. Danach werden die Kaninchenstücke, mit Kartoffeln als Hauptgericht aufgetragen. Dazu wird viel Rotwein aus der Gegend getrunken.
Die Malteser essen *fenkata* immer mit soviel Genuß, daß ich dieses Gericht als Maltas Nationalgericht beschreiben würde.
Und die Schnecken! zu welchem Kapitel sollen die gehören? Fleisch sind sie nicht, Fisch auch nicht, ja, vielleicht ...

FENKATA

Kaninchen in würziger Tomatensauce geschmort

Für 4-6 Personen:

1 Kaninchen
4 Knoblauchzehen
2-3 Zwiebeln
4 EL Tomatenmark oder 12 geschälte und gehackte Tomaten
1 Stück Schweinebauch (etwa 150g) mit Schwarte
1 Handvoll Erbsen
1 Lorbeerblatt
1 kleine Prise Zimt
$^1/_2$ TL Piment oder Currypulver
Schweineschmalz oder Öl

Die gewürfelten Zwiebeln, die ganzen Knoblauchzehen und das Lorbeerblatt in einer großen, tiefen Pfanne im heißen Schmalz anschmoren. Darin die gesalzenen Kaninchenstücke (auch Hals, Kopf und Leber) und den Schweinebauch von allen Seiten bräunen, mit Zimt und Piment würzen. Das Tomatenmark mit Wasser verrührt (oder die Tomaten) hinzugießen, gut rühren und zugedeckt auf schwacher Flamme garen, bis das Kaninchen zart ist.
5min vor dem Ende der Garzeit die Erbsen zufügen. Die Kaninchenstücke und den Schweinebauch herausnehmen.
Vom Kopf und Hals des Kaninchens das Fleisch lösen und zusammen mit der grob gehackten Leber und dem gewürfelten Schweinefleisch (wobei die Schwarte entfernt wurde) in die Sauce zurückgeben.
Die würzige Sauce wird als Vorspeise zu Nudeln (meistens Spaghetti) gegessen.
Die Kaninchenstücke, mit Kartoffeln als Beilage, ergeben das Hauptgericht.

Kaktusfeigen (Seite 128)

Ingredienzen für *bigilla* (Seite 27)

Verkaufsstand mit *mqaret* (Seite 119)

Qubbajt (Seite 116)

Am Fischmarkt - Schwertfisch

Skorpionfisch für *aljotta* (Seite 18)

Lampuki (Seiten 61 und 109)

Figolla in der Form eines Kaninchens (Seite 124)

FENEK MOQLI BIT-TEWM U NBID

Gebratenes Kaninchen mit Kräutern, Knoblauch und Wein

Frische Kräuter und Rotwein heben den Geschmack eines jungen Kaninchens hervor.
Für 4-6 Personen:

1 junges Kaninchen
1 Zwiebel
1/2 Flasche Rotwein
1 TL Tomatenmark
6 große oder 12 kleine Knoblauchzehen
1 Lorbeerblatt
1 Rosmarinzweig
1 Prise Thymian
Salz und Pfeffer
Olivenöl

Das Kaninchen zerteilen. Die Stücke (auch Kopf und Leber) zunächst in einer Bratpfanne in heißem Öl, in mehreren Arbeitsgängen, von allen Seiten kräftig anbraten und dann in einen geräumigen Bräter legen. Salzen und pfeffern (nicht zu kräftig) und mit Thymian bestreuen. Nun die fein gewürfelte Zwiebel und die (ganzen) Knoblauchzehen anbraten, mit Rotwein ablöschen, ein Lorbeerblatt und den Rosmarin zufügen, Tomatenmark einrühren und 10min köcheln lassen.
Diese Sauce über das Kaninchen im Topf gießen.
Nur sehr schwach schmoren, bis das Kaninchenfleisch zart ist, für ein junges Kaninchen sollte 1 Std reichen. Zum Kaninchen essen die Malteser gern "**chips**", Pommes frites!

GAMIEM

Turteltauben

1-2 Turteltauben pro Person
200g Schweinebauch-oder Wurst
3 Zwiebeln
1 Möhre
1 Kohlrabi oder 1 kleiner Weißkohl
1 Selleriestengel
4 Tomaten
150g Erbsen
$^1/_2$ Flasche Rotwein
1 Lorbeerblatt
1 Rosmarinzweig
Schweineschmalz

Die Tauben ausnehmen, von innen und außen gründlich waschen und putzen, trocken tupfen, mit Salz einreiben und zusammen mit einer Zwiebel, der Möhre, dem Kohlrabi (alles grob gewürfelt) in einen Topf kochendes Wasser geben, $^1/_2$ Std kochen lassen.
Unterdessen die Sauce vorbereiten: die restlichen Zwiebeln kleinhacken und in heißem Schmalz anschwitzen, den gewürfelten Schweinebauch (oder die Wurst) darin wenden und bräunen. Die geschälten, zerkleinerten Tomaten zufügen und mit Rotwein begießen, Rosmarin und Lorbeer beigeben, gut rühren und erhitzen. Nun die vorgekochten Vögel hinzufügen und etwa $^1/_2$ Std schmoren. 10min vor dem Ende der Garzeit die Erbsen dazugeben. Mit gerösteten Brotwürfeln und Kartoffelbrei auftragen. Die Brühe erwärmen, mit 1 Glas Cognac oder Sherry verfeinern und in Suppentassen als Vorspeise reichen.

✠

FRIKASSIJA TAT-TIĠIEĠ

Hühnereintopf

1 Huhn (ca 1200g)
1 große Zwiebel
1 gute Handvoll Erbsen oder eingeweichte Bohnen
4 Speckscheiben
50g Butter
1 Zweig Thymian

Das ausgewaschene Huhn zunächst halbieren und die Hälften in je 4 Stücke teilen. Mit Salz und Pfeffer rundum einreiben und mit den Innereien (Magen, Leber, Herz und Hals), der fein geschnittenen Zwiebel, den Erbsen und dem gewürfelten Speck in einen Topf tun. Die Butter in Flocken darauf verteilen, den Thymianzweig beilegen und bis zu 2cm Höhe mit Wasser auffüllen (keinesfalls bedecken). Langsam erhitzen und dann zugedeckt gar sieden.
Sollte die entstehende Sauce zu flüssig sein, 2 TL Maismehl mit einer Tasse Wasser verrühren, in den Topf gießen und damit die Sauce eindicken.
Dazu ißt man meistens Reis: die Hühnerstücke werden auf ein Reisbett gelegt und mit der Sauce begossen.

TIĠIEĠA MIMLIJA

Gefülltes Huhn

1 Huhn (1000-1250g)
300g gemischtes Hackfleisch
1 dicke, getrocknete Weißbrotscheibe
100g Schinken
1 gehäufter EL geriebener Käse
1 Salbeiblatt
1 kleine Zwiebel
1 EL Petersilie
$^1/_2$ TL Koriandersamen
1 hartgekochtes Ei
1 verquirltes Ei
$^1/_2$ Zitrone
Salz und Pfeffer

Das Huhn gründlich waschen, trocken tupfen, von außen und innen mit Salz, Pfeffer und der halben Zitrone einreiben. Mit einem spitzen Messer die Haut vom Fleisch etwas lostrennen.
Aus der zerschnittenen, in Milch eingeweichten und ausgedrückten Brotscheibe, dem geschnittenen Schinken, den grob gehackten Innereien (Magen, Leber, Herz), der Zwiebel, dem zerdrückten, hartgekochten Ei, dem feingeschnittenen Salbeiblatt, der Petersilie und dem Käse eine Farce bereiten. Mit den ganzen Koriandersamen, Pfeffer und Salz abschmecken, mit dem verquirlten Ei binden und zwischen die Haut und das Fleisch des Vogels stopfen. Sorgfältig zunähen.

Nun gibt es zwei Möglichkeiten:

1) das gefüllte Huhn zusammen mit

1 Kohlrabi
1 Möhre
1 Zwiebel
1 Selleriestengel

in einen Suppentopf tun. Knapp mit Wasser bedecken, langsam aufkochen und auf kleiner Flamme garen.
Das Huhn aus dem Topf heben und in eine gebutterte Kasserolle legen. Mit etwas Öl oder Butter bepinseln und in den Ofen schieben. Bei mittlerer Hitze, unter häufigem Wenden, rundum bräunen.
Die Hühnerbrühe als Vorspeise mit Zitronenachteln anrichten.

oder

2) In einer Kasserolle etwas Schweineschmalz zergehen lassen. Einige halbierte Kartoffeln und dick geschnittene Zwiebelringe darin verteilen, mit Anis-oder Fenchelsamen bestreuen und den Vogel darauflegen. Bei mittlerer Hitze, unter öfterem Begießen etwa $1^1/_2$ Std rundum braun braten.

BEBBUX

Schnecken

An schönen Tagen, nachdem es geregnet hat, sieht man Leute auf Feldern und an Straßenrändern auf dem Lande, die nach Schnecken suchen.
Schnecken werden von den Maltesern als Delikatesse angesehen. Sie werden auf dem Sonntagsmakt in Marsaxlokk oder von Bäuerinnen, an einigen Tagen der Woche, vor den Toren Vallettas verkauft.
Eine große Tüte Schnecken kostet etwa 30 *cents!*
Schnecken werden auch in einigen Bars als kleine Happen, zu Getränken, angeboten.

BEBBUX BIL-BUŻBIEŻ

Schnecken in Anissauce

Für 4-6 Personen:

1 große Tüte Schnecken (500g)
2 Tassen Essig
1 Glas Weißwein
$^{1}/_{2}$ Glas Weinbrand
Saft einer Zitrone
8 Knoblauchzehen
1 Peperonischote
1-2 TL Anissamen
1 Tasse gehackte Petersilie
50g Butter
Olivenöl

Die Schnecken zunächst unter fließendem Wasser gründlich waschen und putzen und in einem großen Topf mit gesalzenem Wasser und 1 Tasse Essig wässern. Nach einer $^{1}/_{2}$ Std das Wasser wechseln und die Schnecken in frisches Salzwassser mit Essig geben und $^{1}/_{2}$ Std darin lassen.
Unter fließendem Wasser abspülen. Dann in reichlichem, kochendem Salzwasser kochen, bis die Schnecken mit einem Zahnstocher einfach aus ihren Gehäusen herausgezogen werden können.
Nun für die leckere Sauce:
in einer großen Pfanne die leicht zerstoßenen und gehackten Knoblauchzehen in zerlassener Butter und Öl anschwitzen. Die feingeschnittene Peperonischote und gemahlene Anissamen zugeben, rühren, etwas anbraten, mit dem Weinbrand ablöschen. Die Schnecken dazugeben, den Weißwein zugießen, Petersilie darüberstreuen, zudecken, 5min dünsten lassen. Mit Zitronensaft beträufeln, warm oder abgekühlt reichen.

BEBBUX BL-ALJOLI

Schnecken mit Knoblauch

1 Tüte Schnecken (500g)
6 Knoblauchzehen
1 Tasse Brotkrumen
1 Bund Petersilie
2 EL Olivenöl
(eventuell 1 Peperonischote)

Die Schnecken wie oben beschrieben unter fließendem Wasser waschen und putzen und in Essigwasser ziehen lassen. In Salzwasser langsam zum Kochen bringen, Hitze erhöhen und ca. $^3/_4$ Std kochen lassen.
Abgießen, etwas abkühlen lassen und mit einem Zahnstocher die Schnecken aus ihren Gehäusen herausziehen.
Eine Mischung aus Brotkrumen, gehacktem Knoblauch und Petersilie, Olivenöl und, wenn gewünscht, der fein geschnittenen Peperonischote vorbereiten. Eine Bratpfanne erhitzen und unter Rühren die würzige Mischung mit den Schnecken darin etwa 5 min anrösten.
Heiß auf den Tisch bringen.

BEBBUX BIL-ĦWAWAR

Schnecken mit Sommerkräutern

1 Tüte Schnecken (500g)
2 EL Olivenöl
1 Peperonischote
1 Zwiebel
4-6 Knoblauchzehen
2 kleine Bunde Minze
2 kleine Bunde Majoran

Die Schnecken, wie oben beschrieben, zunächst putzen und waschen, dann in reichlich Salzwasser mit je einem Bund Minze und Majoran und der geviertelten Zwiebel langsam erhitzen. Hitze erhöhen und kochen lassen, bis die Schnecken leicht aus den Gehäusen herausgezogen werden können.
Abgießen und völlig auskühlen lassen. Die Kräuter (Minze und Majoran, Knoblauch, Peperonischote) zusammen im Mörser zu einer Masse zerstampfen, zum Schluß das Öl untermischen. Die Schnecken, im Gehäuse, im Kräuteröl schwenken und damit überziehen.
Die Schnecken als Happen zu Getränken reichen.

Fisch, Tintenfisch und alles was aus dem Meer kommt

In jedes Dorf und in jede Stadt kommt zwei-bis dreimal die Woche *tal-ħut,* der Fischverkäufer, der mit seinem Wagen langsam durch die Straßen fährt, aus vollem Halse schreiend: *Għadhom ħajjin! Għadhom ħajjin!* - Die leben noch! Die leben noch!
Früh am Morgen war er schon am großen Fischmarkt in Valletta gewesen oder in einem der Fischerdörfer, Zurrieq oder Marsaxlokk, wo er eine Auswahl vom frischesten Fisch für seine Kundschaft geholt hat.
Skorfon (kleine Skorpionfische) für *aljotta* (Fischsuppe) und *vopi* (Gelbstriemen) sind immer sehr preiswert. Kalamari, zum Füllen, *qarnit* (Oktopus oder Seepolypen) für den Eintopf und *kaħli* **(Oblada),** zum Grillen sind etwas teuerer aber bei den Männern sehr beliebt. Und für spezielle Tage gibt es feine Fische wie *denċi* (Zahnbrasse) und *ċerna* (Zackenbarsch), den König des Tiefwassers. Aber wer will Lm4.00 pro Kilo für *denċi* bezahlen, wenn es *lampuki* für nur 60 *cents* gibt und Schwertfisch für Lm1.50?

✠

Fischfang in Malta

Je nach Jahreszeit wird in Malta auf unterschiedliche Weise gefischt, abhängig davon, welche Fische gefangen werden sollen.

Winter: Dezember – April

Fischen mit Schleppnetzen:
Schleppnetze werden, auf dem Meeresgrund, hinter dem Boot hergezogen.
So fängt man die Fische, die am Meeresgrund leben, wie Rotbrassen *(paġell)*, Oktopus *(qarnit)* und Hundshai.

Sommer: Mai – August

In dieser Jahreszeit wird Nachts gefischt und man benutzt sehr helle Lampen um die Fische anzulocken.
Sie werden dann mit einem runden Netz, der *lampara*, gefangen. Mit dieser Methode werden hauptsächlich Gelbstriemen *(vopi)*, Sardinen und Makrelen gefangen.
Während dieser Saison werden auch Thunfisch und Schwertfisch gefangen.
Hierfür werden manchmal kilometerlange Leinen ausgelegt, an denen sich Haken mit Ködern befinden.

Herbst: August – November (*Lampuki*-Saison)

In diesen Monaten wird die Hälfte der jährlichen Gesamtmenge an Fisch gefangen: hauptsächlich *lampuki* aber auch Lotsenfisch *(fanfri)*.
Lampuki wird mit der *kannizzati* Methode gefangen.
Kannizzati sind Korkblöcke die, zusammengebunden, auf der Wasseroberfläche schwimmen und mittels Seil an einem Ende mit einem Anker befestigt werden. Am anderen Ende sind sie mit Markierungsflaggen versehen. Die *lampuki* versammeln sich in Schwärmen unter diesen Korkblöcken und werden dort von Netzen umschlossen.
Manche Fischer benutzen statt des Korks Palmblätter. Sie dienen dem gleichen Zweck, sind aber billiger.

Fisch blau gekocht

Durch diese Zubereitungsmethode wird der Geschmack von feinem Fisch hervorgehoben. Fische, die dafür geignet sind, sind *denċi* (Zahnbrassen) *gurbel* (Meerrabe) und *ċippullazza* (roter Drachenkopf), drei der feinsten Fische, die Maltas Gewässer zu bieten haben.
Den ausgewählten Fisch ausnehmen, abschuppen und waschen. Den ganzen Fisch in einen Fischkochtopf legen und bis zu $^3/_4$ mit Salzwasser auffüllen.
Nach Belieben Kräuter (Minze, Thymian, Majoran) beifügen. Sehr langsam erhitzen und bei geringer Hitze kochen, bis die Flossen sich herausziehen lassen, aber das Fleisch noch fest ist.
Den Fisch aus dem Topf herausnehmen, etwas abkühlen lassen, enthäuten und zu Tisch bringen: mit maltesicher Sauce, einem Kräutersalat und kleinen, in der Schale gekochten, Kartoffeln.
Den Sud aufheben und für *aljotta* (s.S. 18) verwenden.

Maltesische Sauce

Eine Art holländische Sauce, aber mit Orangen - statt Zitronensaft. Während der Zeit des Johanniterordens (16. bis 18. Jahrhundert), war Malta wegen der Blutorangen und Obstgärten bekannt.

Saft $^1/_2$ Blutorange
2 Eigelb
1 Knoblauchzehe
Pfeffer
Olivenöl

Die Eigelb, die zerdrückte Knoblauchzehe und etwas Pfeffer in eine Schale geben, mit einem Schneebesen oder mit dem Handrührgerät gut durchrühren.
Nach und nach das Olivenöl zugießen und unterschlagen, bis die Masse dicklich wird. Mit dem Orangensaft abschmecken. Diese feine Sauce paßt zu edlem Fisch und auch zu Artischocken, Spargel und Blumenkohl.

ĦUT FIL-FORN

Fisch im Ofen

2 mittelgroße Fische, wie kaħli **(Oblada)** *oder kavalli (Makrele)*
oder 800g Thunfisch
8 nicht zu kleine Kartoffeln
4 Zwiebeln
6 Tomaten
6 schwarze Oliven
6 EL Olivenöl
4 Knoblauchzehen
1 großes Bund Majoran

Die kleineren Fische ausnehmen und auswaschen. Thunfisch vom Fischverkäufer in recht dicke (ca. 3cm) Steaks schneiden lassen.
Das Olivenöl mit dem gehackten Majoran und dem zerdrückten Knoblauch gut vermengen.
Eine Kasserolle mit etwas Kräuteröl ausstreichen und mit den fingerdick geschnittenen Kartoffelscheiben auslegen. Das restliche Öl über die Kartoffeln gießen, mit grobem Meersalz und Pfeffer aus der Mühle bestreuen. Die in Ringe geschnittenen Zwiebeln, geviertelten Tomaten und ganzen Oliven auf den Kartoffeln verteilen, in den vorgeheizten Ofen schieben und bei starker Hitze $^3/_4$ Std backen. Herausnehmen, den gesalzenen Fisch unter die Kartoffeln legen, um ihn vor zu großer Hitze zu schützen, und noch 15 min garen.
Wieder herausnehmen, den Fisch nun auf die Kartoffeln legen und die letzten 5min schön knusprig werden lassen.

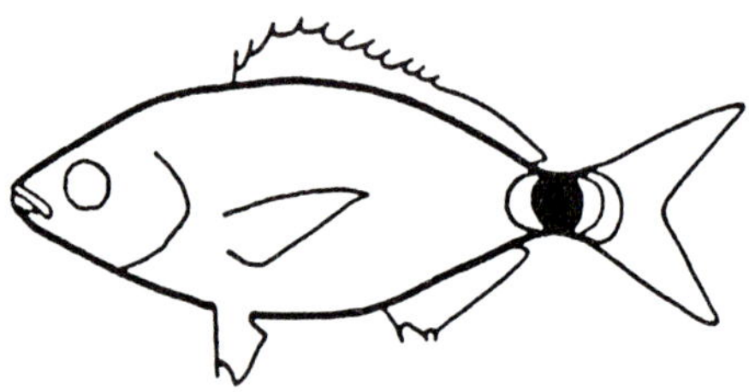

Oblada (*kaħli)*

LAMPUKI MOQLI

Lampuki - oder anderer Fisch- gebraten

Ideal zum Braten sind der berühmte und beliebte *lampuki, fanfri* (Lotsenfisch),*vopi* (Gelbstriemen) und*mazzola* (Hundshai), alles Fische, die durch das Braten ihr kräftiges Aroma entfalten.
Kleine Fische (Lotsenfische, Gelbstriemen) werden ausgenommen, abgeschuppt, in gesalzenem Wasser ausgewaschen, abgetrocknet, mit Meersalz bestreut, in Mehl gewendet und ganz (mit Kopf und Schwanz) in reichlich heißem Olivenöl dunkelbraun gebraten.
Die knusprigen Schwänze werden auch mit viel Genuß von den Kindern gegessen.
Lampuki werden vom Fischverkäufer oder zu Hause in 8 cm dicke Stücke geschnitten und 2 Std vor dem Braten gesalzen, dann in etwas Mehl gewendet und in nicht zu heißem Öl gebraten. *Mazzola* (Hundshai) wird gesalzen, in verquirltes Ei eingetaucht und dann gebraten. Das Fleisch dieses Fisches ist milchweiß und sehr zart.
Gebratener Fisch wird mit pikanter Kapernsauce (s. S. 63) aufgetragen. Dazu schmecken auch *Insalata tas-sustanza* (s.S. 25) und *kapunata* (s.S. 38).

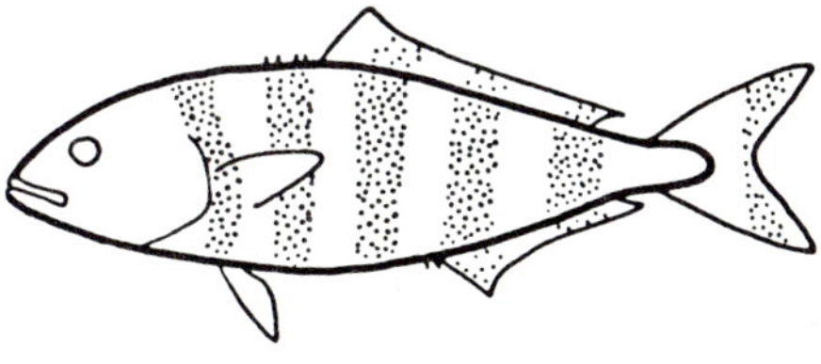

Lotsenfisch *(fanfri)*

HUT MIXWI

Fisch vom Rost – 1

8 kleine Fisch wie trill (rote Meerbarbe) oder 4 dicke Schwertfischsteaks
1 Tasse Weißbrotbrösel
4 entkernte Oliven
1/2 TL Kapern
1 kleines Bund Majoran
Salz und Pfeffer
Olivenöl
2 zerdrückte Knoblauchzehen

Kleine Fische ausnehmen, abschuppen und sauberwaschen. Innen und außen mit Salz und Knoblauch einreiben. Aus den Bröseln, den gehackten Oliven, Kapern und Majoran eine Füllung vorbereiten, mit etwas Öl anfeuchten, mit Salz und Pfeffer aus der Mühle würzen, die Fische damit füllen. Den Rost mit Öl einstreichen, ebenso die Fisch außen mit Olivenöl bestreichen und auf beiden Seiten knusprig braun grillen. Mit Zitronenschnittchen servieren.
Für größeren Fisch (Schwertfisch oder Thunfisch), den Fisch in dicke Steaks schneiden lassen, salzen und mit Knoblauch einreiben. Eine Schnittfläche der Steaks mit der Füllung belegen und unter den vorgeheizten Grill schieben.
Zur Verzierung, nach dem Grillen mit gehacktem, hartgekochtem Ei bestreuen.

Fisch vom Rost – 2

8 kleine Fische (rote Meerbarbe) oder 4 dicke Schwertfisch-oder Thunfischsteaks
100g Butter
1 gehäufter TL gemahlene Anissamen
1 EL Kapern
Salz

Die kleinen Fische, wie oben beschrieben, ausnehmen, waschen und salzen.
Mit den restlichen Zutaten eine Gewürzbutter zubereiten, die Fische damit innen und außen bestreichen und im heißen Rost braten. Einmal wenden.
Fischsteaks salzen, obere Schnittflächen mit der Butter bestreichen, unter den heißen Grill schieben, nicht wenden.

ZALZA PIKKANTI

Pikante Kapernsauce

Eine ausgezeichnete Sauce, die zu jedem gegrillten oder gebratenen Fisch paßt.

4 Knoblauchzehen
6 geschälte Tomaten
6 entkernte schwarze Oliven
1 TL Kapern
1 EL Rotweinessig
2 TL Salz
Pfeffer
1 Zweig Majoran
Olivenöl zum Braten

Die Knoblauchzehen in heißem Öl leicht anbraten, die gehackten Tomaten zufügen und etwas verkochen lassen. Die zerschnittenen Oliven, gehackten Majoranblätter, ganzen Kapern und den Essig zugeben, gut rühren, mit dem Salz und einer Spur Pfeffer abschmecken und zugedeckt 10 min dünsten lassen.

BRAĠOLI TAL-PIXXISPAD

Schwertfischrouladen

8 so dünn wie möglich geschnittene Schwertfisch- oder Thunfischscheiben, ca. 12cm x 12cm, oder dünne Filets von anderem Fisch.
1 Glas Weißwein
1 EL Kapern
1 Zweig Minze
Salz und Pfeffer

Für die Füllung:

4 EL Semmelbrösel
2 hartgekochte und kleingehackte Eier
4 kleingeschnittene Anschovisfilets
6 feingehackte, schwarze Oliven
1TL Kapern
1 EL gehackte Petersilie
1 EL gehackte Minze
Öl zum Binden

Die Fischsteaks oder Filets auf die Tischplatte legen, salzen und pfeffern und mit der vorbereiteten Mischung belegen, zusammenrollen, mit Zahnstochern feststecken, in heißem Öl rasch anbraten, herausnehmen und warmstellen. Im selben Öl 1 Knoblauchzehe anbraten, mit dem Wein ablöschen und aufkochen lassen.

Die Rouladen in die Pfanne zurücklegen, einige Kapern und Minzeblätter beifügen und etwa 10 min dünsten lassen.

STUFFAT TAL-BAKKALJAW – 1

Klippfisch-Eintopf - 1

Für dieses billige aber köstliche Fischgericht biete ich zwei Rezepte an.

500g Klippfisch
2 Zwiebeln
1 kleiner Blumenkohl
1 große Scheibe (ca. 200g) Kürbis
500g Kartoffeln
6 geschälte Tomaten
8 entsteinte, schwarze Oliven
6 Blätter Minze
1 kleine Peperonischote

Den Klippfisch über Nacht wässern. Dann den Fisch in Stücke schneiden.
Die fein geschnittenen Zwiebeln in Öl glasig dünsten, die gehackten Tomaten und die Klippfischstücke zufügen. Die Oliven, grobgewürfelten Kürbis, Blumenkohlröschen und geviertelte Kartoffeln dazugeben, mit Wasser auffüllen und auf kleiner Flamme sieden lassen, bis der Fisch gar ist. Ganz am Ende die kleingeschnittene Peperonischote dazugeben. Vorsicht: Gräten.

Thunfisch (*tonn*)

STUFFAT TAL-BAKKALJAW – 2

Klippfisch-Eintopf - 2

500g Klippfisch
1 kleine Zwiebel
1 Möhre
250g Kartoffeln
2 geschälte Tomaten
1 zerdrückte Knoblauchzehe
1 EL Rosinen
2 kleingeschnittene Anschovisfilets
1 kleines Bund Petersilie
Pfeffer aus der Mühle
Muskatnuß
Olivenöl

Den gewässerten Klippfisch so weit wie möglich entgräten und in kleine Stücke schneiden.
In einer Pfanne das Öl erhitzen, darin die Kartoffelscheiben und die in Scheibchen geschnittene Möhre anbräunen. Die gehackten Tomaten, geraspelte Zwiebel, Anschovisfilets und den Knoblauch zufügen und 5 min mitrösten. Die Rosinen und Fischstücke zugeben, mit $^1/_4$ l Wasser auffüllen, rühren, mit Pfeffer und geriebener Muskatnuß würzen. Pfanne zudecken und in etwa $1^1/_2$ Std bei kleiner Hitze garschmoren. Mit gehackter Petersilie bestreuen und servieren.

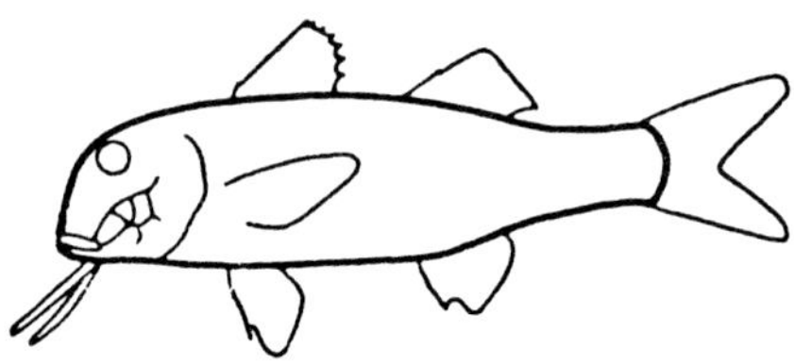

Rote Meerbarbe *(trill)*

SFINEĊ TAL-BAKKALJAW U TAL-INĊOVA

Klippfisch oder Anschovis in Teig gebacken

400g Klippfisch
100g Mehl
2 EL Backpulver
1 Prise Meersalz
Saft einer Zitrone
Wasser

Den Klippfisch über Nacht wässern. Sämtliche Teigzutaten verrühren, bis ein glatter, flüssiger Teig entsteht. 1 Std ruhen lassen.
Den Klippfisch in reichlich Wasser garen, nicht zu weich kochen. Im Sieb abtropfen lassen, sorgfältig entgräten, in dünne Streifen schneiden, durch den Teig ziehen und, in viel Öl schwimmend, ausbacken. Heiß mit Zitronenvierteln reichen. Ebenso kann man Anschovisfilets backen, aber der Teig darf nicht sehr flüssig sein und muß ungesalzen sein.

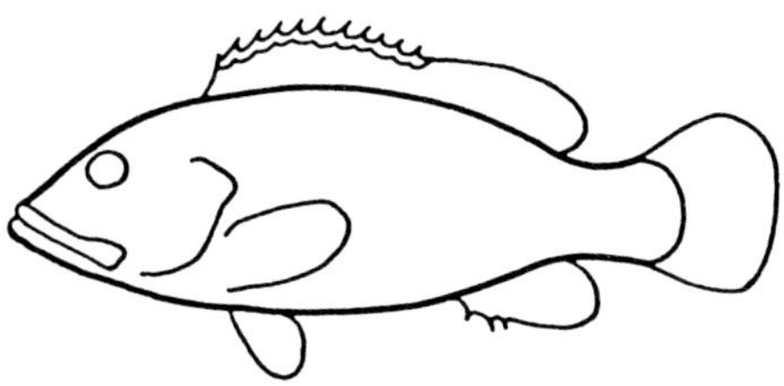

Zackenbarsch *(ċerna)*

PULPETTI TAT-TONN TAŻ-ŻEJT

Thunfischkroketten

Ideal als Imbiß und für Picknicks sind diese einfach zuzubereiten und bei Kindern immer beliebten, schmackhaften Thunfischklößchen.

1 große Dose (200g) Thunfisch (mit Flüssigkeit)
4 nicht sehr große gekochte Kartoffeln
2 zerdrückte Knoblauchzehen
gemischte gehackte Kräuter (Minze, Basilikum, Majoran, Thymian, Petersilie) je nach Saison
Salz und grob gemahlener Pfeffer

Sämtliche Zutaten zu einer breiigen Masse zerquetschen. Zu länglichen oder runden Kroketten formen, in Mehl wenden und von allen Seiten in fingertiefem, sehr heißem Olivenöl golden braten. Dazu einen knusperigen Sommersalat oder *kapunata* (s.S. 38) servieren.

FRITTURI TAL-ARTIKLI

Seeanemonen in Eierteig gebacken

Artikli sind braune und purpurfarbene Seeanemonen, die in Wasserpfuhlen am Meeresufer leben.
Die Seeanemonen werden von Kindern mit Gabeln aus ihren felsigen Verstecken gezogen und nach Hause gebracht, wo sie in *aljotta* (s.S. 18) gekocht oder in Eierteig gebacken werden.
Die Seeanemonen werden zunächst in Salzwasser gewaschen, dann in sprudelnd kochendem Wasser eine Minute blanchiert, dünn mit Mehl bestäubt, in verquirltes Ei, mit viel Knoblauch und Petersilie gewürzt, getunkt und rasch in viel heißem Öl goldbraun gebraten. Mit Zitronenvierteln anrichten.

STUFFAT TAL-QARNIT

Tintenfischeintopf

Qarnit (Oktopus) ist die Tintenfischsorte, die in Maltas Gewässern am häufigsten gefangen und von den Maltesern am liebsten gegessen wird. Kleine Seepolypen oder *brimb* werden als Delikatesse angesehen, dessen Fleisch viel zarter ist, als das des großen Tintenfisches, der unbedingt vor dem Kochen geklopft werden muß. Der *qarnit* hat einem großen, runden Kopf mit zwei Augen. Darunter versteckt sind ein spitzer Schnabel und ein Beutel, der die Innereien enthält. Aus dem Kopf breiten sich die 8 Tentakel aus, je mit 2 paralellen Reihen von Saugrüsseln. Außer Augen, Schnabel und Beutelinhalt ist alles eßbar.
Für 5 Portionen:

1kg Tintenfisch
6 nicht sehr große Zwiebeln
6 geschälte Tomaten
4 Kartoffeln
8 entsteinte Oliven
8 Knoblauchzehen
1 kleiner Zweig Minze
1 kleiner Zweig Majoran
1 TL Kapern
2 EL Sultaninen
$^1/_4$ Flasche Rotwein

Den Tintenfischkopf umstülpen, Schnabel, Beutel und Augen abschneiden.
Den Fisch mit dem Fleischklopfer klopfen und in 5 cm lange Stücke schneiden. In Salzwasser abspülen, etwas abtropfen lassen und in einem zugedeckten Topf, im eigenen Saft, 1 Std schmoren lassen.
Unterdessen die gewürfelten Zwiebeln in Olivenöl weichdünsten, die gehackten Tomaten und die gepressten Knoblauchzehen zufügen, die zerschnittenen Oliven, die ganzen Kapern und die Sultaninen untermischen und mit den Kräuterblättern bestreuen. Nun auch die

vorgekochten Tintenfischstücke und die geviertelten Kartoffeln beigeben, mit dem Wein auffüllen, aufkochen, Flamme kleiner stellen und, bis die Kartoffeln gar sind (ca. $^1/_2$ Std), schmoren lassen.

ZALZA TAL-QARNIT

Tintenfischsauce

250g Tintenfisch (Oktopus)
3 Zwiebeln
6 Tomaten
1 Handvoll Erbsen

Den Tintenfisch wie im vorigen Rezept vorbereiten, in kleinere Stücke (3 cm) schneiden und 1 Stunde im eigenen Saft schmoren.
Die kleingeschnittenen Zwiebeln in Olivenöl golden anbraten, die gehackten Tomaten zufügen und etwas einkochen lassen. Nun die Erbsen und vorgekochten Tintenfischstücke zufügen, rühren, noch 10 min schmoren, nach Belieben mit Salz und Pfeffer abschmecken. Spaghetti mit dieser köstlichen Sauce ist bei den Maltesern als Vorspeise sehr beliebt und wird in jedem Fischrestaurant angeboten.

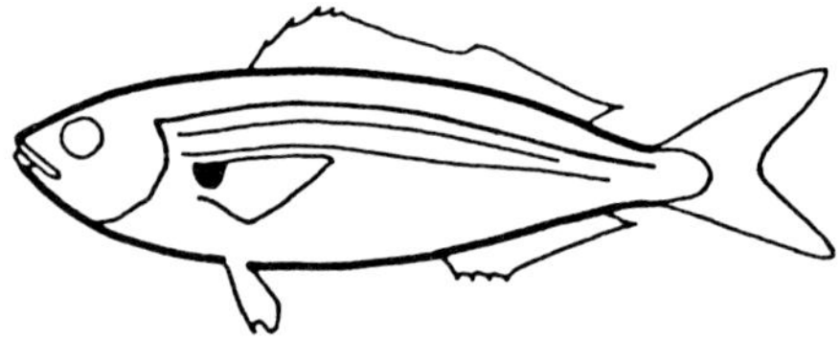

Gelbstriemen *(vopi)*

QARNIT BL-ALJOLI

Oktopus mit Knoblauchsauce

250g kleine Oktopusse
4-6 Knoblauchzehen
1 Bund Petersilie
1 EL Olivenöl
Saft von $^{1}/_{2}$ Zitrone
Pfeffer aus der Mühle

Die Oktopusse kleinschneiden (2cm) und wie in den zwei vorhergehenden Rezepten dünsten. Die Tintenfischstücke abtropfen lassen und in einer Schale mit den restlichen Zutaten (Knoblauch und Petersilie kleingehackt) schwenken und gut vermischen.
Im Kühlschrank aufbewahren und als Imbiß oder pikante Vorspeise servieren.

KLAMARI MIMLIJIN – 1

Gefüllte Kalamari – 1

Kalamari, die zweite Tintenfischsorte in Maltas Gewässern, die die Deutschen als **"Kalamari fritti"** (in Eierteig gebacken) so gut in Spanien, Griechenland und Italien kennengelernt haben, werden von den Maltesern in einer anderen Weise zubereitet: mit einer würzigen Farce gefüllt und in einer Sauce geschmort.
Ich bin sicher, daß viele meiner Leser unsere Zubereitungsmethode vorziehen werden!
Im Gegensatz zu der ersten Tintenfischsorte, *qarnit* (Oktopus), hat der Kalamari einen kleinen Kopf, aus dem 10 sehr dünne und kurze Tentakel wachsen. Der längliche Beutel macht $^{3}/_{4}$ des gesamten Körpers aus und wird gefüllt.

Methode 1 - mit Rotweinsauce:

12 kleine oder 2 große Kalamari (etwa 500g)
Brösel vier dicker Weißbrotscheiben
1 EL Kapern
4 entsteinte, kleingeschnittene Oliven
2 zerdrückte Knoblauchzehen
1 EL gehackte Petersilie
etwas abgeriebene Zitronenschale
1 Prise zermahlene Muskatblüte
3 hartgekochte Eier
1 Lorbeerblatt
1 kleine Handvoll Sultaninen
1 Tasse Rotwein
Salz und Pfeffer
Olivenöl

Die Kalamari ausnehmen, Rückgräten entfernen, Köpfe abschneiden, die Tentakel hacken und für die Farce aufbewahren, die Beutel mit Salzwasser auswaschen.
Sämtliche Zutaten für die Farce, inklusive der gehackten Tentakel, außer Eiern, Lorbeerblatt und Sultaninen, gut vermengen, mit Öl anfeuchten und binden.
Die Beutel abwechselnd mit der Farce und Eivierteln nicht ganz voll füllen (die Kalamari werden während des Bratens etwas zusammenschrumpfen), mit Garn zunähen oder mit einem Zahnstocher verschließen.
In einer großen Bratpfanne das Öl erhitzen, die gefüllten Kalamari rundum anbraten, den Rotwein aufgießen, Lorbeerblatt und Sultaninen zugeben und zugedeckt gar dünsten.
Die Kalamari auf Safranreis setzen, den Reis mit der Weinsauce begießen.

KLAMARI MIMLIJIN – 2

Gefüllte Kalamari – 2

12 kleine oder 2 große Kalamari (insgesamt 500g)
2 Zwiebeln
4 große, geschälte Tomaten
1 Handvoll Erbsen
3 hartgekochte Eier

für die Füllung:

Brösel 4 dicker, entrindeter Weißbrotscheiben
6 entsteinte, kleingehackte Oliven
2 kleingeschnittene Anschovisfilets
1 EL Kapern
nach Belieben Kräuter (Basilikum, Majoran, Minze)
Salz
Pfeffer aus der Mühle

Die Füllung vorbereiten, mit Olivenöl binden. Die Kalamari wie oben beschrieben ausnehmen und putzen, die Tentakel für die Sauce aufheben.
Die Beutel mit Füllung und Eivierteln nicht ganz voll stopfen, zunähen oder mit Zahnstochern verschließen. Die Kalamari in heißem Öl schnell anbraten, herausnehmen, im selben Öl die gewürfelten Zwiebeln anschwitzen, die kleingehackten Tomaten und die Tentakel hinzufügen, etwas einkochen lassen, die gebratenen Kalamari und die Erbsen zugeben, 1 Glas Wasser zugießen und zugedeckt garschmoren.
Die Sauce zu Spaghetti servieren (schmeckt lecker). Die Kalamari auskühlen lassen, mit gutem Öl begießen und in dicke Ringe schneiden.

✠

Fleisch

Wenn man in einen maltesischen Metzgerladen geht, findet man nicht die gewohnte, große Auswahl von fertiggeschnittenem Fleisch oder Fleischspezialitäten (Salamis, Pasteten, Würstchen), wie in vielen anderen europäischen Ländern. Stattdessen sieht man große Fleischstücke, ganze oder halbe Tiere an Haken hängend : Schwein, Rind, Lamm.

So kann die/der Käufer/in dem Metzger genau sagen, welches Stück sie/er möchte, wie es geschnitten sein sollte, je nachdem für welches Gericht es verwendet werden soll.

Das Fehlen dieser Fleischprodukte spiegelt vermutlich die Vergangenheit wieder, in der Rind - und Schweinefleisch rar waren. Selbst heute werden die meisten Rinder für die Milchproduktion gebraucht und viel Fleisch wird importiert.

Heutzutage macht sich bei den Maltesern die Tendenz bemerkbar, Schweinefleisch dem Rindfleisch vorzuziehen.

Das ist ein Ergebnis der Bemühungen von Seiten der Regierung, die Schweinezucht zu unterstützen.

Ziegen und Schafe werden auch in großer Zahl für die Milchproduktion gezüchtet, besonders, da sie einfacher und billiger zu halten und zu füttern sind als Rinder.

Maltesisches Lammfleisch hat einen besonderen Geschmack und viele bestätigen, daß es besser ist, als importiertes Lammfleisch.

BULJUT BIZ-ZALZA HADRA

Suppenfleisch mit grüner Sauce

Das Fleisch zubereiten wie beschrieben auf Seite 11, im Rezept für Fleischbrühe. Zu dem warmen oder abgekühlten Fleisch nimmt man eine von den zwei folgenden grünen Saucen.

Grüne Sauce 1 - mit Kapern

1 EL Kapern
1 Handvoll gehackte Petersilie
1 Knoblauchzehe
Saft einer Zitrone
1-2 EL Olivenöl
Pfeffer und Salz

Die Petersilie, die zerstoßene und kleingeschnittene Knoblauchzehe und die gehackten Kapern im Zitronensaft einweichen.
Nach Belieben salzen und pfeffern. Nach und nach das Olivenöl einrühren, bis eine dickflüssige Sauce entsteht.

Grüne Sauce 2 – ohne Kapern

1 dicke, entrindete Weißbrotscheibe
3 Knoblauchzehen
1 Handvoll gehackte Petersilie
brauner Essig
2 EL Olivenöl
Salz und Pfeffer

Das Brot im Essig einweichen, ausdrücken und zerkleinern, mit der Petersilie und dem gehackten Knoblauch vermengen und unter kräftigem Rühren das Olivenöl einträpfeln.
Mit Salz und Pfeffer abschmecken.

FALDA MIMLIJA

Gefüllte Fleischtasche

1 ganze, etwa 2cm dicke, magere Rindfleischscheibe ,
von etwa 1kg
250g gehacktes Schweinefleisch (evtl. auch Schweinswurst)
2 Speck- oder Schinkenscheiben
1 Ei
$^1/_2$Tasse Semmelbrösel
1 Knoblauchzehe
1 kleines Bund Petersilie
1 EL geriebener Käse
1 TL zerstoßene Koriandersamen
Salz und Pfeffer

Die Fleischscheibe vom Metzger herrichten lassen oder selber eine Tasche einschneiden.
Für die Farce : Das Hackfleisch mit dem kleingeschnittenen Speck oder Schinken, den Bröseln und Käse vermischen.
Mit der zerkleinerten Knoblauchzehe, gehackter Petersilie und zerstoßenen Koriandersamen würzen, salzen und pfeffern.
Mit dem verquirlten Ei die Mischung binden und damit die Fleischtasche füllen.
Sorgfältig zunähen und (in einer Brühe) mit Markknochen und Suppengemüse (1 Kohlrabi, 1 Möhre, 1 Zwiebel, 1 Selleriestengel, alles grob geschnitten) 2 Stunden langsam garen. Die Fleischtasche herausnehmen, in dicke Scheiben schneiden und dazu Kartoffeln (auf dem siedenden Suppentopf gedämpft) und grüne Sauce (s.S. 76) servieren.

LAHAM FUQ IL-FWAR

Gedünstetes Rindfleisch

500g, in etwa 3mm dünne Scheiben geschnittene Lendenscheiben
Krumen von 3 getrockneten, entrindeten Brotscheiben
2 kleingeschnittene Speckscheiben
1 hartgekochtes, grobgehacktes Ei
kleingehackte Petersilie
1 kleingehackte Knoblauchzehe
6 Salbeiblätter
Salz und Pfeffer

Die Lendenscheiben auf die Tischplatte legen, mit dem Fleischklopfer etwas klopfen, salzen und pfeffern. Mit den restlichen Zutaten (außer den Salbeiblättern) einen Belag zubereiten. Eine tiefe, breite Suppenschale buttern und darin die Fleischscheiben aufeinander schichten. Auf jede Scheibe etwas Belag streichen und ein Salbeiblatt darauflegen. Nun ein klein wenig Wasser in die Schale gießen, mit einem Deckel oder auch Pergamentpapier verschließen und auf einer siedenden Suppe 1-$^{1}/_{2}$ Std dünsten.
Die aufeinander geschichteten Fleischscheiben herausnehmen und kreuzweise aufschneiden.
Dazu : Kartoffeln mit gerösteten, zerstoßenen Fenchel-oder Kümmelsamen bestreut.

LUĊERTO IBBUTUNAT

Gespickter Rinderschmorbraten

Ibbutunat bedeutet "mit Knöpfen verziert". Das Fleisch in diesem Rezept wird mit Speck-, Knoblauch- und Petersilie- "Knöpfen" verziert.
Für 6 Personen:

1,5 kg Rindfleisch (Schwanzstück oder Blume)
4 fette Speckscheiben
4 halbierte Knoblauchzehen
gehackte Petersilie
12 Schalotten
1 Möhre
1 Glas Rotwein
1 Prise Thymian
Salz und Pfeffer
Öl oder Schweineschmalz zum Braten

Mit einem Spieß das Fleischstück an beiden Enden je viermal einstechen. Die Löcher mit der Petersilie und je einer halben Knoblauchzehe stopfen und mit je einer halben Speckscheibe spicken. Das Fleisch rundum mit Salz und Pfeffer einreiben, in einer Bratpfanne im Schmalz oder Öl auf allen Seiten vorsichtig anbraten, herausnehmen und in einen Schmortopf legen.
Nun die Schalotten und die in feine Scheiben geschnittene Möhre anbraten, den Rotwein zugießen, 1 min sprudeln lassen und über das Fleisch im Schmortopf gießen. Mit Thymian bestreuen, erhitzen, mit dem Deckel verschließen und in knapp 2 Std gar schmoren, einmal wenden.
Das gespickte Fleisch in $^{1}/_{2}$cm dicke Scheiben aufschneiden, auf Tellern anrichten und mit der Weinsauce begießen.
Dazu nimmt man Kartoffelbrei und erstes Frühlingsgemüse.

BRAĠOLI

Rindsrouladen in Wein geschmort

Jedes europäische Land hat ein Rezept für Fleischrouladen. Auch in Malta findet man dieses Gericht oft auf der Speisekarte. Unsere *braġoli* werden mit Speck und Eiern gefüllt und mit Kräutern in Rotwein geschmort.

Für 6 Portionen:

12 dünne Scheiben Rindfleisch von je 90g
Krumen 5 entrindeter Brotscheiben
3 hartgekochte Eier
6 Speckscheiben
4 Knoblauchzehen
3 Zwiebeln
1 Möhre
1 kleines Bund Petersilie
2 Salbeiblätter
1 Lorbeerblatt
1 kleiner Thymianzweig
Salz und Pfeffer
Schweineschmalz oder Öl zum Braten
Rotwein

In einer Schüssel die Brotkrumen mit dem kleingeschnittenen Speck, den grobgehackten Eiern, den zerdrückten Knoblauchzehen und den fein geschnittenen Petersilie- und Salbeiblättern gut mischen. Die Fleischscheiben auslegen, salzen und pfeffern, mit je einem Eßlöffel der Füllung belegen, zusammenrollen und feststecken oder mit Garn zusammenbinden. Die Rouladen in Schmalz oder Öl von allen Seiten bräunen, am besten in zwei Arbeitsgängen. Herausnehmen und die geviertelten Zwiebeln mit der in Scheiben geschnittenen Möhre leicht anbraten.
Die Rouladen wieder hineingeben, $1^1/_2$Tassen Rotwein aufgießen,

Lorbeerblatt und Thymianzweig beifügen, erhitzen und zugedekt $1^1/_2$ Std langsam gar schmoren.
Als Beilage: Kartoffelbrei mit der leckeren Weinsauce begossen.

BRAĠOLUN

Riesenrindsroulade

Braġolun bedeutet große Fleischroulade. Statt 12 kleiner Rouladen macht man in diesem Rezept nur eine, aber sehr große, Fleischroulade. Dafür braucht man Rouladenfleisch von etwa 1 kg Gewicht, etwa 1–1,5cm dick, am Stück.

1kg Rindfleisch
100g Brotkrumen
100g Schweinswurst (z.B. grobe Bratwurst)
4 Knoblauchzehen
4 Speckscheiben
2 hartgekochte Eier
2 Zwiebeln
2 Möhren
2 Salbeiblätter
1 Lorbeerblatt
1 kleiner Thymianzweig
1 kleines Bund Petersilie
Pfeffer und Salz
Schweineschmalz oder Öl zum Braten
$1\ ^1/_2$ Tassen Rotwein

Die Zutaten für die Füllung, die Brotkrumen, das grobgehackte Wurstfleisch, die kleingeschnittenen Speckscheiben, den zerdrückten Knoblauch, die kleingehackten Eier und die feingeschnittenen Petersilien- und Salbeiblätter, in einer Schüssel gut vermischen, nach Belieben salzen und pfeffern.

Nun das Fleischstück auf der Tischplatte auslegen,mit dem Fleischklopfer klopfen und die Füllung gleichmäßig auf der Fleischscheibe verteilen. Zusammenrollen, zusammenbinden und im Schmalz oder Öl mit den, in dünne Ringe und Scheiben geschnittenen Zwiebeln und Möhren rundum gut anbraten. Den Wein aufgießen, Lorbeerblatt und Thymianzweig beifügen und unter häufigem Begießen mit der Weinsauce $1^1/_2$ Std schmoren lassen.
Die Riesenroulade in dicke Scheiben aufschneiden und mit Kartoffelbrei und Erbsen oder Bohnen auf den Tisch bringen.

PULPETTUN

Gebratene Fleischrolle

400g gemischtes Hackfleisch
100g Schweineleber
100g gekochter Schinken
1 kleine geriebene Zwiebel
1 EL Reibkäse
1 EL gehackte Petersilie
$^1/_2$ TL zerstoßene Koriandersamen
1 EL leicht gestoßene Pistazien
Salz und grob gemahlener Pfeffer
2 rohe Eier
2 hartgekochte Eier
1 Schweinsnetz

Sämtliche Zutaten (Leber grob, Schinken klein gehackt) bis auf die Eier und das Netz gut vermischen. Kräftig würzen, die verquirlten Eier einrühren und damit binden.
Das ausgewaschene, abgetropfte Schweinsnetz auf einer bemehlten Tischplatte ausbreiten. Die Fleischmasse teilen, die eine Hälfte länglich formen und auf das Netz legen, die 2 hartgekochten Eier darauf verteilen, mit der zweiten Hälfte der Fleischmasse bedecken und das Ganze zu einer Rolle formen.

Die Fleischrolle in das Netz einwickeln. In einer Kasserolle etwas Schweineschmalz zergehen lassen, die Rolle hineinlegen und bei mittlerer Hitze gar braten etwa 1 Std bis ein Nadeleinstich sauber bleibt.
In nicht zu dünne Scheiben schneiden und warm oder abgekühlt auftragen. Die Schnitten werden schön grün, von den Pistazien und gelb, von den Eiern, gemustert sein.

ILSIEN BIZ-ZALZA TAT-TADAM U PIŻELLI

Geschmorte Zunge mit Tomaten und Erbsen

1 Ochsenzunge oder 2–3 Schweinezungen
2 Möhren
2 Zwiebeln
4 Tomaten
1 Handvoll Erbsen
1 EL Tomatenmark
1 Prise Thymian
1/2 Tasse Weißwein

Die Zunge/n zubereiten wie im Rezept für Ochsenzungenbrühe (s.S. 13).
Eine Sauce vorbereiten : in einer tiefen Bratpfanne die gewürfelten Zwiebeln und die kleingeschnittenen Möhren in heißem Öl bräunen. Das Tomatenmark einrühren, die geschälten und gehackten Tomaten zufügen und unter Rühren kurz anschmoren. Mit 1 Suppenkelle Ochsenzungenbrühe ablöschen, die Erbsen zugeben, die enthäutete/n Zunge/n beilegen, mit Thymian würzen und unter häufigem Begießen mit der Sauce 20min schmoren lassen.
In den letzten 10min mit etwas Weißwein begießen. Die Zunge in Scheiben schneiden und mit der eigenen Sauce und Frühkartoffeln servieren.

ILSIEN BIZ-ZALZA PIKKANTI

Zunge in pikanter Sauce

1 Ochsenzunge oder 2-3 Schweinezungen
2 Zwiebeln
2 große Tomaten
6 entsteinte , schwarze Oliven
1 EL Kapern
1 EL Zucker
1 EL Olivenöl
1 EL Tomatenmark
1 Tasse Rotwein

Die Zunge/n wie im Rezept für Ochsenzungenbrühe (s.S. 13) zubereiten. Die gewürfelten Zwiebeln im Öl golden braten, das Tomatenmark und den Zucker einrühren, mit Rotwein ablöschen und gut rühren. Die kleingeschnittenen Kapern und gehackten Oliven und Tomaten zufügen und aufkochen lassen, die enthäutete Zunge beigeben, Flamme kleiner stellen und, bei häufigem Begießen, knapp 20min in der pikanten Sauce schmoren.
Die Zunge herausnehmen, in Scheiben schneiden und mit Frühkartoffeln auf den Tisch bringen.

ZALZETT MALTI

Maltesische Wurst

Für etwa 15 Würste:

2kg Schweinefleisch (davon höchstens 25% Fett)
1 EL Koriandersamen
1 EL Kümmelsamen
1 EL Pfefferkörner
10 Knoblauchzehen
Salz
1 Tasse gehackte Petersilie
1/2 Glas Weißwein
3 Meter Schweinsdarm

Das Schweinefleisch in nicht zu feine Würfel schneiden (nicht durch den Fleischwolf drehen). Den Knoblauch zerkleinern, Pfefferkörner, Kümmel-und Koriandersamen etwas anrösten und leicht zerstoßen. In einer Schüssel alle Kräuter, Gewürze und Salz mit dem Fleisch zusammenmischen, mit dem Weißwein vermengen und 2 Std stehenlassen.
Mit einer Spritztüte oder einem großen Trichter, die beim Metzger gekauften, Schweinsdärme füllen. Abdrehen, abbinden und an einer kühlen Stelle aufhängen oder im Kühlschrank aufbewahren.
zum Kochen: Die Würste mit einer Gabel durchstechen und in wenig Salzwasser mit einem Lorbeerblatt mindestens 1/2 Std kochen. Auskühlen lassen, in dicke Scheiben schneiden und auf frischem knusprigem Brot servieren.
Auch auf dem Holzkohlengrill geröstet schmecken sie sehr gut. (s.S. 86 Rezept "Eintopf mit maltesischer Wurst").

STUFFAT TAZ-ZALZETT

Maltesischer Wursteintopf

Ein ausgezeichnetes Eintopfgericht mit maltesischer Wurst oder anderer, ungeräucherter Schweinswurst.

6 maltesische Würste (Zubereitung s.S. 85)
statt Wurst kann man ebenso fette Schweinekoteletts verwenden
2 große Zwiebeln
3 Möhren
1 kleiner Weißkohl
6 Kartoffeln
Salz
Pfefferkörner
1 TL Kümmel
1 Glas Weißwein oder Bier

Den Boden eines Topfes mit Olivenöl überziehen. Die in grobe Ringe geschnittenen Zwiebeln und Möhren, geschälten und halbierten Kartoffeln und den geviertelten Kohl darin schichten. Die einzelnen Schichten reichlich mit Salz, gemahlenem Pfeffer und zerstoßenem Kümmel bestreuen.
Die durchstochenen Würste (oder die Koteletts) auf das Gemüse legen, den Wein oder das Bier dazugießen und zum Kochen bringen, Hitze verringern und langsam, etwa 45 min, schmoren lassen. Der Wein oder das Bier und das Fett von den Würstchen vermischen sich zu einer schmackhaften Sauce.

Kürbisse reifen in der Sonne

Ġbejniet (Seite 8)

Maltesische Hausfrau mit *timpana* (Seite 98)

Pastizzi (Seite 102)

Schmackhafte Kapern (Seite 8)

Maltesischer Honig wird in Whiskyflaschen verkauft

Zucchiniblüten (Seite 35)

Eintopf mit Schnecken (Seite 52)

MAJJAL FGAT

Schweinefleisch im eigenen Saft geschmort

"Fgat" bedeutet erstickt, das Schweinefleisch wird in eigenen Säften "erstickt".
Wenn Sie ein Stück Schweinefleisch haben das für einen Braten etwas zu klein ist, dann ist dieses Gericht dafür geeignet.

500g–750g Schweinefleisch (vorzugsweise Keule oder Schulter) mit Schwarte
1/2 Tasse Weißbrotkrumen
1/2 TL Koriandersamen
gehackte Petersilie
2 kleingeschnittene Knoblauchzehen
Salz und Pfeffer
1 kleines Glas Weißwein
Schweineschmalz oder Öl zum Braten

Die Schwarte mehrfach über Kreuz einschneiden. In einem Schmortopf das Fett auslassen. Das mit Salz, Pfeffer und zerstoßenen Koriandersamen eingeriebene Fleischstück darin rundum bräunen und 1 Std im zugedeckten Topf, ohne es zu wenden, im eigenen Saft sehr schwach schmoren lassen.
Mittlerweile eine Mischung aus den Brotkrumen, Petersilie und dem Knoblauch vorbereiten. Nach Ablauf der Stunde, die Mischung auf dem Fleisch verteilen, den Weißwein zugießen und noch eine 1/2 Std garschmoren und ab und zu mit der sich bildenden Sauce begießen. Das Fleisch herausnehmen, in Scheiben schneiden und mit frischem Gemüse in Eierteig reichen (s.S. 36).

✠

FLETT TAL-MAJJAL MIMLI FIL-FORN

Gefülltes Schweinefilet

Für 6 Personen:

2 Schweinefilets
100g Schweinswurst (oder Speck)
50g Brotkrumen
1 EL Kapern
6 Knoblauchzehen
4 schwarze, entsteinte Oliven
10 Kartoffeln
1 Prise Thymian
1 Bund gehackte Petersilie
2 Zwiebeln

In jedes Filet, der Länge nach, eine 2 cm tiefe Tasche einschneiden. Aus der gehackten Schweinswurst, Brotkrumen, Kapern, zerdrückten Knoblauchzehen, kleingeschnittenen Oliven und Kräutern eine Füllung zubereiten.
Die Taschen damit füllen und sorgfältig zunähen.
Eine Kasserolle mit Öl ausstreichen, die dicken Kartoffel- und Zwiebelscheiben darin verteilen, mit einer Tasse Wasser angießen und großzügig mit grobem Meersalz und grobgemahlenem Pfeffer bestreuen und die gefüllten Schweinefilets daraufsetzen. Bei mittlerer Hitze backen, bis die Kartoffeln gar sind. Sollte das Fleisch eher gar sein, herausnehmen, in Alufolie einwickeln und warm stellen.Die Schweinefilets in recht dicke Scheiben schneiden und mit den Kartoffeln und Zwiebeln anrichten.

HARUF BIZ-ZALZA TAL-KAPPAR

Hammelfleisch in weißer Kapernsauce

mindestens 300g Fleischreste eines Hammelbratens
1 EL Essig
*1 gehäufter EL Kapern**
45g Butter
2 EL Mehl
1 l Milch
Salz und Pfeffer

Das Fleisch wie im Rezept für Graupensuppe (s.S. 12) zubereiten. Die Butter in einem Topf mit dickem Boden zerlassen, das gesiebte Mehl einstreuen, unter Rühren hellgelb anschwitzen. Mit einem Schneebesen nach und nach die heiße Milch einrühren, bis eine cremige, glatte Sauce entsteht.
10-15 min weiterköcheln lassen, das geschnittene Fleisch, den Essig, die Kapern zufügen und nach Belieben pfeffern und salzen.
Als Beilage: auf einem siedenden Suppentopf gedämpfte Frühkartoffeln.
Die Sauce paßt auch zu allen gekochten Fleisch- und Hühnergerichten.

*statt Kapern ist auch gehackter Dill möglich.

FRIKASSIJA TAL-ĦARUF

Frühlingseintopf mit jungem Lamm

etwa 750g Fleisch eines jungen, frischen Lamms (Schulter oder Rippchen, sowie Nieren und Leber)
2 große Zwiebeln
1 gute Handvoll Erbsen
1 Bund Petersilie
40g Butter
ein wenig geriebene Zitronenschale

Die Zwiebeln in hauchdünne Ringe schneiden und zusammen mit dem in große Stücke geschnittenen Lammfleisch in den Topf legen. Die Nieren und die Leber darauflegen und die Butter in Flöckchen darüber verteilen. Soviel Wasser hinzugießen, daß das Fleisch nicht ganz bedeckt ist. Nicht zu kräftig salzen und pfeffern. Erhitzen und schwach sieden lassen, bis das Lammfleisch zart ist.
Ganz zum Schluß die Erbsen zufügen, die feingehackte Petersilie und geriebene Zitronenschale einrühren.
Dazu ißt man Reis und einen frischen Frühlingssalat.

Nudeln, Reis und Teigwaren

Da wir eine geschichtliche sowie geographische Verbindung zu Sizilien haben, werden Sie vielleicht bei einigen Rezepten in diesem Kapitel eine Ähnlichkeit zu sizilianischen Spezialitäten bemerken.
Obwohl man manche Ähnlichkeiten nicht vermeiden kann, habe ich hierbei alle eingeführten Gerichte, wie Pizza, Lasagne usw, weggelassen.
Ich habe nur solche Rezepte, wie *ross il-forn, pastizzi* u.a. ausgewählt, die typisch maltesisch sind oder Rezepte, die, trotz auswärtiger Herkunft, auf maltesische Art zubereitet werden.
Die Malteser essen, wie die große Zahl von Pizzerien und italienischen Restaurants zeigt, Nudeln sehr, sehr gern. Viele Arbeiter essen eine *timpana* oder *imqarrun* als preiswertes Gericht in der Mittagspause.
In jedem Restaurant werden Spaghetti mit verschiedenen Saucen angeboten. Unsere traditionellen Nudelgerichte werden jedoch meist im Ofen gebacken. Sie sind schmackhaft und sehr sättigend.

ROSS IL-FORN

Reis im Ofen

Dieses Gericht habe ich während meiner 4-jährigen Abwesenheit von Malta am meisten vermißt. Der köstliche Duft, wenn ein frisch gebackenes *Ross il-forn* aus dem Ofen kommt, ist etwas, daß jeder Malteser kennt und liebt.

400g Reis
400g mageres Hackfleisch (60% vom Schwein, 40% vom Rind)
2 Stücke Hühnerleber
2 Zwiebeln
3 Eier
50g Parmesan
1 gehäufter EL Tomatenmark
1 gute Prise Safran
1 EL Olivenöl
25g Butter
Salz und Pfeffer

Den Safran etwa 15 min in einer Tasse lauwarmen Wasser ziehen lassen. Die kleingewürfelten Zwiebeln im Fett (Butter und Öl gemischt) anschwitzen. Die grobgehackte Hühnerleber und das Hackfleisch zugeben, rühren, salzen und pfeffern,braun werden lassen.
Das Tomatenmark mit $^1/_3$ l Wasser verrühren, in die Fleischmischung rühren und etwa $^1/_2$Stunde köcheln lassen. Vom Feuer nehmen, etwas abkühlen lassen und den rohen Reis untermischen.
Eine tiefe, feuerfeste Form oder Schüssel buttern, darin die Mischung gleichmäßig verteilen, den geriebenen Käse untermengen. Nun zunächst mit dem Safranwasser und anschließend mit den leicht geschlagenen Eiern übergießen.
Bei mittlerer Hitze, ohne umzurühren, $1^1/_2$ Std überbacken. Die Eier bilden eine Souffle-Schicht, unter der sich der safrangelbe knusprige Reis verbirgt.

RAVJUL

Teigtaschen mit Rikotta gefüllt

Für den Teig:

400g Mehl
2TL Salz
2 Eigelb
4 EL Öl
1 EL lauwarmes Wasser

Das Mehl mit dem Salz in eine Schüssel sieben und mit den restlichen Zutaten zu einem glatten, festen Teig verarbeiten. Den Teig in zwei Teile teilen und 1 Stunde ruhen lassen. Währenddessen die Füllung zubereiten.

Für die Füllung:

*400 g Rikotta**
2 Eier
3 EL geriebener Käse
1 kleines Bund glatte Petersilie
Salz und Pfeffer

Den Rikotta mit den geschlagenen Eiern glatt rühren, anschließend mit Käse und gehackter Petersilie vermischen. Kräftig salzen und pfeffern.
Eine Teighälfte zu einem knapp 2mm dicken Viereck ausrollen. Mit der Rikottamischung kleine Haufen formen. Diese Häufchen in Abständen von etwa 3cm, in Reihen, auf den Teig verteilen.
Nun die zweite Teighälfte ausrollen und flach auf die Erste, mit den Rikottahäufchen, legen. Mit Daumen und Zeigefinger, rund um jedes Häufchen, die Teiglagen zusammendrücken und so die *ravjul* formen.
Mit einem spitzen Messer die *ravjul* trennen und in reichlich Salzwasser bißfest kochen, abgießen und mit einer guten Tomatensauce (s.S. 99) anrichten.

**Rikotta* s.S. 8

MAKARUNELLI BIR-RIKOTTA

Makarunelli mit Rikotta

500g Makarunelli *(Hörnchen oder andere Makkaroni Art)*
500g Rikotta
2 geschlagene Eier
1 großes Bund Petersilie
50g Butter
Salz und Pfeffer

Die *makarunelli* in reichlich Salzwasser bißfest kochen, abgießen.
In einer Schüssel Rikotta mit Eiern glattrühren, mit der gehackten Petersilie, Salz und frischgemahlenem Pfeffer würzen.
Die Butter in einem Topf zergehen lassen, die Makkaroni darin wenden, die gewürzte Rikottamischung untermengen, unter Rühren etwa 3 min erwärmen.
Auf vorgewärmten Tellern mit geriebenem Parmesan und Knoblauch-Tomatensauce (s.S. 99) anrichten.

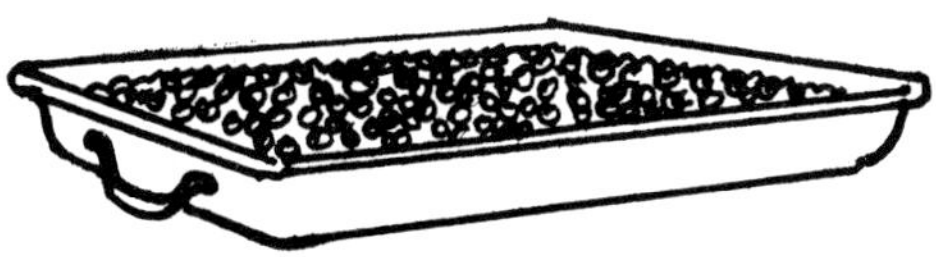

MQARRUN IL-FORN

Makkaroni im Ofen

500g Makkaroni
500g gemischtes Hackfleisch
2 Zwiebeln
2 geschlagene Eier
2 gehäufte EL Tomatenmark
4 EL geriebener Käse
Salz und Pfeffer
Olivenöl zum Braten

Die feingeschnittenen Zwiebeln in heißem Öl glasig werden lassen, das Hackfleisch zufügen, bräunen und mit Salz und Pfeffer abschmecken.
Das Tomatenmark mit 1 Tasse Wasser verrühren, zugießen und zugedeckt $1^1/_2$ Std sehr schwach sieden lassen.
Die Makkaroni in reichlich Salzwasser nicht ganz weich kochen, abgießen. In einer Schüssel die verquirlten Eier mit 3 EL Käse unter die Makkaroni rühren. Die etwas abgekühlte Hackfleischsauce untermischen und alles in eine gefettete, feuerfeste Form geben.
Mit dem restlichen Käse bestreuen, in den Ofen schieben und bei mittlerer Hitze etwa 25 min überbacken.

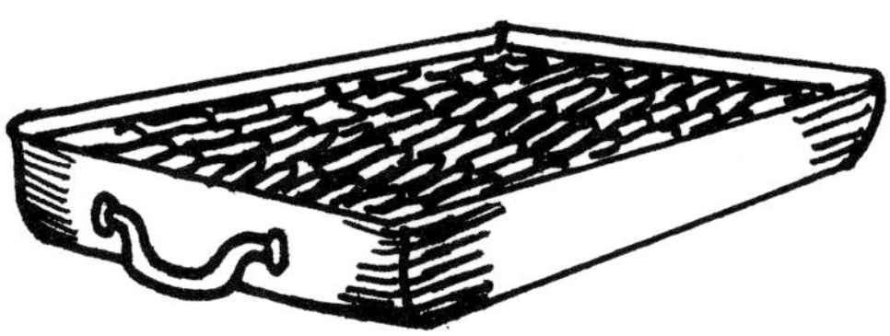

TIMPANA

Makkaroni in Teig

Ein sehr beliebtes, sättigendes Nudelgericht, das täglich in den kleinen Cafes als Mittagsimbiß angeboten wird und bei vielen Familien Sonntags als Vorspeise (!!) vor dem großen Sonntagsbraten serviert wird.

Für 6 Portionen:

500g Blätterteig
500g gemischtes Hackfleisch
500g Makkaroni
1 Aubergine (wenn erhältlich)
2 Zwiebeln
1 Kalbshirn
2 geschlagene Eier
2 hartgekochte Eier
4 EL Tomatenmark
4 EL geriebener Käse
Salz und Pfeffer
Olivenöl zum Braten

Das Hirn in kaltem Wasser 2 Std wässern, mit kochendem Wasser übergießen, 20 min in gesalzenem Wasser kochen, abschrecken, abtropfen lassen, in dünne Streifen schneiden und beiseite legen.
Die Aubergine in 1 cm dicke Scheiben schneiden, von beiden Seiten in heißem Öl anbraten bis sie hellbraun sind. Auf Haushaltspapier abtropfen lassen und beiseite stellen. In einer großen Bratpfanne 1 EL Olivenöl erhitzen, darin die kleingewürfelten Zwiebeln goldbraun braten. Unter Rühren das Hackfleisch beifügen, reichlich mit Salz und Pfeffer abschmecken, das Tomatenmark, mit einer Tasse Wasser verrührt, hinzufügen und zugedeckt $1^1/_2$ Std sieden lassen, wenn nötig mehr Flüssigkeit zufügen.
Die Makkaroni in stark gesalzenem Wasser 7 min bißfest kochen, keinesfalls ganz weich kochen. In einem Sieb abtropfen lassen und

zusammen mit dem Käse und den geschlagenen Eiern in die Sauce rühren.
Boden und Seiten einer tiefen Backform mit dem Teig auskleiden.
Die Hälfte der Makkaroni-Sauce-Mischung auf dem Teigboden verteilen, darüber die Auberginenscheiben, die geviertelten, hartgekochten Eier und die Hirnstreifen geben.
Den Rest der Makkaroni-Mischung gleichmäßig darauf verteilen und mit einem Teigdeckel schließen.
Zunächst 10 min sehr heiß, anschließend bei geringer Hitze 40 min im Ofen überbacken.

ZALZA BIT-TEWM U TADAM

Tomatensauce mit Knoblauch

Im Sommer gibt es immer große Mengen von saftigen Tomaten. Daraus macht man eine einfache aber ausgezeichnete, mit Knoblauch und Basilikum gewürzte Sauce, die zu allerlei Nudelgerichten paßt.

8 große Tomaten
4-6 Knoblauchzehen
1 EL Olivenöl
1 Lorbeerblatt
$^1/_2$Tasse Basilikumblätter

Die leicht zerdrückten Knoblauchzehen in Öl anbraten. Die geschälten und gehackten Tomaten und das Lorbeerblatt zugeben. $^1/_2$ Std köcheln lassen. 5 min vor Ende der Garzeit die Basilikumblätter zufügen.

ZALZA TAT-TADAM BIL-BRINĠIEL

Tomatensauce mit Auberginen-und Zucchiniringen

Im Hochsommer (Juli/August) gibt es Zucchini und Auberginen im Überfluß, die meistens gefüllt und geschmort oder gebacken werden. In diesem Rezept werden dünne Auberginen-und Zucchinischeiben verwandt um den Geschmack einer sonst einfachen Tomatensauce zu verfeinern.

1 große Zucchini oder 1 kleine Aubergine
Olivenöl zum Braten

Die Zucchini oder Aubergine in dünne (3mm) Scheiben schneiden. Auberginenringe 1 Std in Salzwasser ziehen lassen und gut abtropfen lassen. In viel heißem Öl die Gemüsescheiben knusprig braten. Wie im vorigen Rezept eine Tomatensauce zubereiten, aber ohne Basilikum. Die Zucchini- oder Auberginenscheiben untermischen. Zu Makkaroni oder Spaghetti servieren.

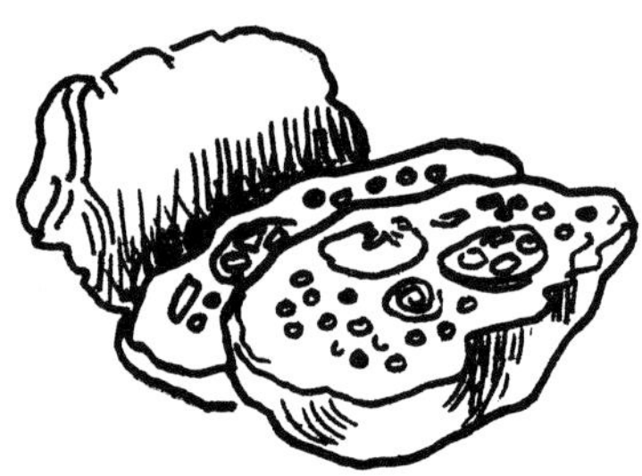

ĦOBŻ BIŻ-ŻEJT

Brot mit Öl

Ħobż biż-żejt, der bei den Maltesern beliebteste Sommerimbiß, wird von allen Verkaufsständen an Stränden und in jedem Cafe in Städten und Dörfern angeboten.

*8 etwa 1 cm dicke Weißbrotscheiben**
2 saftige Tomaten
1 kleine Zwiebel
6 entkernte, grüne oder schwarze Oliven
1 EL Kapern
2 EL Olivenöl
frische Kräuter (meist Majoran und Minze aber auch Thymian und Oregano)

Die Zwiebel in hauchdünne Ringe schneiden, Oliven und Kapern hacken, die Kräuter waschen und die Tomaten halbieren. Das Öl auf einen flachen Teller gießen. Die Schnittfläche jeder Brotscheibe mit den halben Tomaten einreiben, so daß das Brot eine schöne rötliche Färbung bekommt, und in das Öl tunken.
Die Brotscheiben nun auf die Tischplatte legen und die Zwiebelringe, Oliven, Kapern und Kräuter darauf verteilen. Mit Salz und Pfeffer bestreuen.
Man kann, nach Belieben, auch "Extrazutaten" nehmen, wie zum Beispiel Thunfisch aus der Dose, Anschovisfilets, dicke Bohnen, und Kopfsalat.

*Kein Schwarzbrot bitte! Das maltesische Brot mit der knusperigen Kruste ist ideal dafür. Es kann in Deutschland durch Brötchen ersetzt werden.

PASTIZZI

Blätterteigpasteten

Pastizzi sind kleine, mit Rikotta, oder Anderem gefüllte, Blätterteigpasteten, die täglich in speziellen *pastizzeriji* gebacken werden und vom frühen Morgen bis zum späten Abend auf großen, schwarzen Blechen den Bars und Cafes geliefert werden, wo sie für wenige *cents* als Imbiß verkauft werden. Jedes Dorf hat eine *pastizzerija,* die größeren sogar oft mehrere. Manche Städte, wie Qormi und Rabat, haben einen Ruf für besonders gute *pastizzi* und die Kundschaft kommt von weit her um dort *pastizzi* zu kaufen.
Pastizzi sind bei den Maltesern als Imbiß sehr beliebt, von jedem gegessen, ob reich oder arm.
Pastizzi sind eine kleine Mahlzeit für Arbeiter oder leckere Happen, die auf jeder Taufe und bei jeder Hochzeitsfeier angeboten werden.
Auch in Toronto haben maltesische Einwanderer *pastizzeriji* eröffnet.
Um echte *pastizzi* zu machen, braucht man viel Erfahrung, deswegen gibt es hier 3 Rezepte für *pastizotti* oder kleinere *pastizzi,* die einfacher zuzubereiten sind.
Immerhin sollten Sie Malta nicht verlassen, ohne echte maltesische *pastizzi* probiert zu haben.

PASTIZOTTI TAR-RIKOTTA

Pastetchen mit Rikotta-Füllung

Für 30 *pastizotti:*

750g Blätterteig
*450g Rikotta**
2 Eier
2 EL geriebener Käse
1 Bund Petersilie
Pfeffer und Salz

In einer Schüssel den Rikotta mit den geschlagenen Eiern glattrühren. Den Käse und die kleingeschnittene Petersilie damit vermischen. Mit Salz und frisch gemahlenem Pfeffer kräftig abschmecken.
Auf einer bemehlten Tischplatte den Teig dünn ausrollen und runde Formen von etwa 9cm Durchmesser ausstechen. Auf jedes Teigteil einen gehäuften EL der würzigen Rikottamischung tun. Die Teigränder mit verquirltem Ei bestreichen, über die Füllung falten und zusammendrücken. Die auf diese Weise geformten *pastizotti* auf ein Blech legen, mit Eigelb bestreichen und im vorgeheizten Ofen $^1/_2$ Std backen.

**Rikotta* s.S. 8

PASTIZOTTI TAL-BRINĠIEL

Pastetchen mit Aubergine und Anschovis

Für 30 *pastizotti:*

750g Blätterteig oder Mürbeteig
2 Zwiebeln
1 große Aubergine
2 große Tomaten
6 Oliven
12 Anschovisfilets
3 hartgekochte Eier
Majoran-und Basilikumblätter

Die Aubergine in dicke Scheiben schneiden, reichlich salzen, $^1/_2$ Std in einem Sieb abtropfen lassen und grob hacken. Die kleingewürfelten Zwiebeln in Olivenöl glasig dünsten, die Auberginenstücke zugeben und unter ständigem Rühren braun werden lassen. Nun die geschälten, kleingeschnittenen Tomaten und Oliven beifügen, mit den Kräutern würzen und 5-8 min weitergaren.
Den Teig auf einem bemehlten Teigbrett ausrollen, davon Rundformen von etwa 9cm Durchmesser ausstechen und die Auberginenfüllung darauf verteilen. Auf jedes Häufchen ein halbes Anschovisfilet und $^1/_8$ Ei legen. Die Teigränder mit verquirltem Ei bestreichen und wie im vorigen Rezept zusammenfalten und backen.

PASTIZOTTI TAL-MOHH

Pastetchen mit Hirnfüllung

Für 30 *pastizotti:*

750g Blätterteig oder Mürbeteig
3 Kalbs- oder Schweinehirne
2 Schinken- oder Speckscheiben
1 große Zwiebel
1 kleine Handvoll Erbsen
30g Butter
1 kleines Bund Petersilie
Thymian
Salz und Pfeffer

Die Hirne mindestens $1^1/_2$ Std in gesalzenem Wasser liegen lassen. Alle Häute, Adern und Blutgerinnsel entfernen, die Hirne grob hacken und 20min mit wenig Wasser dünsten.
Das übriggebliebene Wasser abgießen. Butter, Erbsen, die feingewürfelte Zwiebel, die kleingeschnittenen Schinken-oder Speckscheiben zufügen, mitmischen, mit gehackter Petersilie und Thymian bestreuen und nach Belieben mit Salz und Pfeffer aus der Mühle abschmecken. Eventuell ein wenig geriebene Muskatnuß zufügen.
Weitere 5 min erwärmen.
Den Teig ausrollen und, wie im vorhergehenden Rezept, die kleinen *pastizzi* zubereiten.

TORTA TA' L-ISPINAĊI U RIKOTTA

Spinat-und Rikottapastete

Für zwei Pasteten:

500g Blätterteig oder Mürbeteig
1kg Spinat
*1kg Rikotta**
100g geriebener Käse
2 frische ġbejniet† *(oder anderer Schafskäse)*
1 kleines Bund Petersilie
Muskatnuß
Salz
12 Pfefferkörner

Den gewaschenen Spinat 25 min in wenig Wasser dünsten, abtropfen und abkühlen lassen und zerschneiden.
In einer Schüssel den Rikotta mit dem grobgewürfelten *ġbejniet* und gehackter Petersilie vermischen. Mit geriebener Muskatnuß, Salz und zerstoßenen Pfefferkörnern würzen. Den Spinat untermengen. Mit dem Teig zwei runde, flache Formen, von etwa 15 cm Durchmesser, auslegen.
Die Spinat-Rikottamischung gleichmäßig darin verteilen, mit Teigdeckel schließen und mit einer Gabel mehrmals durchstechen. Zunächst 10 min im heißen Backofen, anschließend bei milder Hitze 45min backen.

**Rikotta* s.S. 8
†*ġbejniet* s.S. 8.

TORTA TAL-FUL U RIKOTTA

Rikotta und Bohnenpastete

Eine nahrhafte Frühlingspastete:
Für den Teig:

200g Mehl
100g Margarine
1 Ei
1-2 EL Wasser
1 TL Salz

Für die Füllung:

2 Eier
1 kg dicke Bohnen
*500g Rikotta**
2 ġbejniet† oder anderer Schafskäse (100g)
2 EL geriebener Parmesan
2 kleine Zwiebeln
6 nicht sehr große Tomaten
ein wenig Olivenöl zum Braten

Alle Teigzutaten in einer Rührschüssel mit dem Knethaken des elektrischen Handrührgeräts zu einem festen aber nicht harten Teig verkneten. 1 Stunde ruhen lassen.
Unterdessen eine Sauce zubereiten: die feingewürfelten Zwiebeln in heißem Öl golden braten, die geschälten, kleingeschnittenen Tomaten zufügen, 25 min köcheln lassen, die Bohnen dazugeben und mit einer Prise Thymian würzen. Noch weitere 5 min köcheln lassen.
In einer Schüssel den Rikotta mit dem grobgehackten Schafskäse, dem geriebenen Käse und den 2 verquirlten Eiern gut vermischen. Nun die Tomaten-Bohnen-Sauce zugießen und damit vermengen.
Eine runde, flache Backform mit dem Teig auslegen, die Füllung gleichmäßig darauf verteilen, mit einem Teigdeckel schließen, mit Eidotter bestreichen und im Rohr bei mittlerer Hitze 30-40 min gar backen. Warm oder ausgekühlt servieren.

**Rikotta* s.S. 8.
†*ġbejniet* s.S. 8.

TORTA TA' L-ISPINAĊI, QLUB TAL-QAQOĊĊ U NĊOVA

Artischockenherzen-Anschovis- und Spinatpastete

Für den Teig:

200g Mehl
100g Margarine
1 Ei
2 EL Wasser
1/2 TL Salz

Für die Füllung:

2 Zwiebeln
6 Tomaten
6 Artischockenherzen
500g Spinat
100g Erbsen
100g Anschovis
2 hartgekochte Eier

Mehl mit Ei, Wasser, Margarine und Salz in eine Rührschüssel geben. Alle Zutaten mit einem elektrischen Handrührgerät mit dem Knethaken, zuerst auf der niedrigsten, dann auf der höchsten Stufe, so lange verkneten, bis ein fester Teig entstanden ist.
Den Teig 1 Std lang kalt stellen.
Inzwischen die Füllung zubereiten. Den Spinat waschen, im Tropfwasser in einem geschlossenen Topf 15min dünsten, in einem Sieb abtropfen lassen und dann zerschneiden.
Die gewürfelten Zwiebeln in Olivenöl glasig dünsten, die geschälten, kleingeschnittenen Tomaten, die halbierten Artischockenherzen und die Erbsen hinzufügen. Leicht sieden lassen bis die Herzen weich sind. Die Herzen herausnehmen und beiseite legen. Den Spinat und die gründlich geputzten und gehackten Anschovis hineinmischen.
Den Teig nochmal kurz durchkneten und eine runde, feuerfeste Form damit auslegen, etwas Teig für den Deckel übriglassen. Die

Masse gleichmäßig auf dem Teig verteilen, die Artischockenherzen und halbierten, hartgekochten Eier darüber geben, mit dem Teigdeckel zudecken.
Die Form in den Ofen schieben und bei mittelerer Hitze etwa 35min backen.

TORTA TAL-LAMPUKI

Lampuki- oder Thunfischpastete

Lampuki **(Coryphaena hippurus)** werden nur in manchen Teilen des Mittelmeeres zwischen September und Dezember gefangen.
Der Rücken des Fisches ist königsblau, der Bauch ist hell, mit blauen und manchmal gelben Flecken.
Wenn Sie während der Lampukisaison bei uns sind, versäumen Sie es nicht, diesen köstlichen Fisch zu probieren.
Lampuki soll man zwischen Februar und Juli meiden, denn dann ist er bestimmt nicht frisch.
Wenn keine *lampuki* erhältlich sind, bereitet man diese Pastete mit Thunfisch aus der Dose zu. Sie können das selbst zu Hause versuchen, ich bin überzeugt, daß sie nicht enttäuscht sein werden. Thunfischpastete zählt zu meinen Lieblingsgerichten.
Für zwei mittelgroße Pasteten:

1 Paket Mürbeteig (500g)
1kg Spinat
250g Erbsen
6 große, geschälte Tomaten
1 kleiner Blumenkohlkopf
6 schwarze entsteinte Oliven
3 hartgekochte Eier
1 Zwiebel
1 Handvoll Sultaninen
1 Zweig Majoran
1 große Dose Thunfisch (ca. 200g)

Den Spinat waschen , blanchieren und gut auspressen. Den Blumenkohl in wenig Wasser dünsten und in Röschen teilen.
Die, in dünne Scheiben geschnittene Zwiebel in Olivenöl weichdünsten, die Erbsen und die gehackten Tomaten zufügen, mit Salz und Majoranblättern bestreuen.
Die Blumenkohlröschen und den Spinat untermischen und 10min köcheln lassen.
Nun die Sultaninen, die kleingehackten Oliven und den Thunfisch hinzufügen. Vorsichtig rühren, vom Herd nehmen und abkühlen lassen.
Den Teig ausrollen und 2 runde, flache, gefettete Formen damit auslegen. Die Teigböden mit der Thunfisch- Gemüsemischung belegen, die geviertelten Eier darauf verteilen. Mit einem Teigdeckel abdecken, mit Öl bestreichen und in den heißen Ofen schieben. In etwa 30–35 min garen. Auskühlen lassen und jede Pastete in 4 Portionen teilen. Die Portionen mit Olivenöl begießen und servieren.
Statt großer Pasteten kann man auch kleinere Pasteten machen, die als Happen oder Imbiß ideal sind.

TORTA TAL-FENEK

Kaninchenpastete

Die Reste eines schon am Vortag gebratenen Kaninchens (s. S. 47) werden zu dieser sehr schmackhaften Pastete verarbeitet.
Für eine mittelgroße Pastete:

Gebratene Kaninchenstücke
1 Zwiebel
2 Knoblauchzehen
1 Stück (ca. 150g) Schweinebauch
1 kleine Aubergine
1 große Zucchini
4 geschälte Tomaten
1 Handvoll Erbsen
Öl zum Braten
*$^1/_2$ TL Currypulver**
250g Mürbeteig

Zucchini, Zwiebel, Aubergine und Schweinebauch grob würfeln. Auberginenwürfel salzen und "weinen" lassen, dann mit den Zucchini-und Zwiebelwürfeln und Knoblauch in heißem Olivenöl kräftig anbraten, herausnehmen und im selben Öl das Schweinefleisch braun werden lassen. Die gehackten Tomaten dazugeben, umrühren und 5 min köcheln lassen. Nun die Gemüsemasse wieder dazutun, ebenso die Erbsen und das entbeinte und zerkleinerte Kaninchenfleisch.
Mit Currypulver, Salz und Pfeffer aus der Mühle abschmecken. Eine runde Form mit dem Teig auslegen, die Gemüse-Kaninchen-Füllung gleichmäßig darin veteilen, mit Teigdeckel schließen und bei mittlerer Hitze etwa 35 min backen.

*Obgleich Currypulver für ein maltesisches Gericht merkwürdig klingt, ist es doch die traditionelle Art, dieses Gericht zuzubereiten.

TORTA TAL-MAJJAL BIL-QARA AHMAR

Kürbis- und Schweinefleisch- Pastete

Für eine große Pastete:

500g Blätterteig
600g Kürbis
300g Reis
225g Schweinefleisch
1 Zwiebel
Salz und Pfeffer

Den Reis in gesalzenem Wasser nicht ganz weich kochen und abgießen.
Die kleingeschnittene Zwiebel mit dem sehr fein gewürfelten Schweinefleisch in heißem Öl rösten, den Kürbis in groben Würfeln dazugeben und alles im eigenen Saft weichdünsten. Vom Feuer nehmen, den vorgekochten Reis unterrühren und nach Belieben mit Salz und Pfeffer abschmecken (eventuell auch mit einem $^1/_2$TL gemahlenen Kümmel).
Eine flache Tortenform mit der Hälfte des Teiges auslegen, die Kürbis- Fleisch- Reis- Füllung hineingeben und mit dem restlichen Teig schließen. $^1/_2$ Std bei mäßiger Hitze backen.

QASSATA TAL-QARA AHMAR, TONN TAŻ-ŻEJT U NĊOVA

Pastete mit Thunfisch, Anschovis und Kürbis

Für eine mitelgroße Pastete:

350g Teig
1 Tasse Reis
400g Kürbis
200g Thunfisch aus der Dose
2 Lauche
10 Anschovisfilets
8 gehackte schwarze Oliven
1 kleine Handvoll Korinthen
1 Glas Weißwein
Muskatnuß
eine Prise Pfeffer
Olivenöl

Die geschnittenen Lauche in einer räumigen Pfanne im Öl braten. Den Reis zufügen, und unter Rühren ein Weilchen mitrösten lassen. Den gewürfelten Kürbis zugeben und den Wein aufgießen. Zudecken, und auf kleiner Flamme den Kürbis erweichen lassen. Die geputzten Anschovisfilets kleinhacken und zusammen mit dem Thunfisch, den Oliven und Korinthen, in die Kürbis-Reis Mischung einrühren. Nach Belieben mit geriebener Muskatnuß und Pfeffer würzen. Eine Tortenform mit Teig auslegen, die Mischung darin gleichmäßig verteilen, mit dem restlichen Teig schließen, und 1 Stunde bei mittlerer Hitze backen.

Süßspeisen

Die vielen kirchlichen Feste und das Vergnügen das die Malteser an diesen Feiern haben, bewirken, daß es an Süßigkeiten nicht fehlt. Am Festtag des Dorfschutzheiligen stehen an jeder Straßenecke bunt ausgeschmückte Imbißbuden und Verkaufsstände, die die traditionellen Süßspeisen für den speziellen Tag anbieten. Es gibt Süßigkeiten für Taufen, andere für Hochzeiten.
Süßigkeiten nicht nur zur Weihnachtszeit und Ostern sondern auch für die Fastenzeit!

ĠULEPP TAL-ĦARRUB

Carob- oder Johannisbrotsirup

Der Johannisbrotbaum ist ein widerstandsfähiger Baum, welcher überall auf Malta und Gozo gedeiht.
Wenn Sie einen dieser Bäume untersuchen werden Sie merken, daß die Natur ihn dem Klima einer dem Wind ausgesetzten Insel anpaßt. Der Johannisbrotbaum wächst nie sehr hoch, anstatt dessen entfaltet er dichtwachsende Äste die zusammen einen Schirm erbilden die den Stamm vor dem Wind schützen.
Carobsirup ist schwierig zu bekommen heutzutage und ist recht teuer. Bekannte jedoch, die ihn benutzt haben versichern, daß es ein exzellenter Hustensaft ist, der sehr angenehm wirkt.
1 kg Carobschoten werden geröstet und geschnitten und dann für 24 Stunden in viel Wasser eingeweicht. Dann läßt man ihn für zwei Stunden im gleichen Wasser köcheln.
Anschließend presst und quetscht man die Schoten um soviel Saft

wie möglich zu bekommen. Dieser Saft wird durch ein Sieb gegossen um dann gekocht zu werden, wobei man die gleiche Menge Zucker hinzugibt, wie man Saft hat. Man läßt das nun für eine weitere Stunde köcheln, wodurch der Sirup eindickt und eine Konsistenz wie Honig erhält.
Zur Aufbewahrung wird er dann in Gläser gefüllt.

QUBBAJT

Maltesischer Nugat

Ich habe bisher niemanden getroffen der diese Sorte Nugat zu Hause zubereitet. Er wird normalerweise auf kommerzieller Basis bei einigen Konditoreien erzeugt, und von den attraktiven Ständen verkauft, welche während der Dorffeste entlang den Straßen ausgerichtet stehen.
Der *qubbajt* setzt sich aus Zucker, Glucose, Honig und Eiweiß zusammen, welche alle zu einer bestimmten Temperatur gekocht, anschließend mit Mandeln und kandierten Früchten versetzt und danach zur Abkühlung stehen gelassen werden.
Das Geheimnis liegt nicht nur an Geschmack sondern auch an der Beschaffenheit. *Qubbajt* sollte nie so hart sein, daß man nicht hineinbeißen kann, immerhin muß er solide und nicht zu weich sein.
Qubbajt wird in Quaderchen von verschiedenen Größen verkauft, manchmal zu Röhrchen geformt, zuerst mit Reis- und dann mit buntem Papier umgewickelt um sie an Kinder zu verteilen.

✠

PUDINA TAT-TAMAL

Feigenpudding

200g getrocknete Feigen
200g Brotkrumen
100g Streuzucker
100g Orangeat
4 Eier
2 EL Anislikör

Die fein geschnittenen Feigen mit den Brotkrumen vermischen, zuckern, das kleingehackte Orangeat zugeben, und mit den gut verrührten Eiern binden. Damit eine gefettete Puddingform, daumenbreit bis zum oberen Rand, füllen. Mit einem zurechtgeschnittenen, gebutterten Pergamentpapier abdecken, mit einem weißen Tuch umwickeln und mit Schnur festbinden.
Die Puddingform bis zur Dreiviertelhöhe in ein kaltes Wasserbad stellen, aufkochen lassen, sehr langsam 2 Std kochen, bis ein Nadeleinstich sauber bleibt.
Auf einen Teller stürzen und mit Anislikör begießen.
Warm oder abgekühlt auftragen.

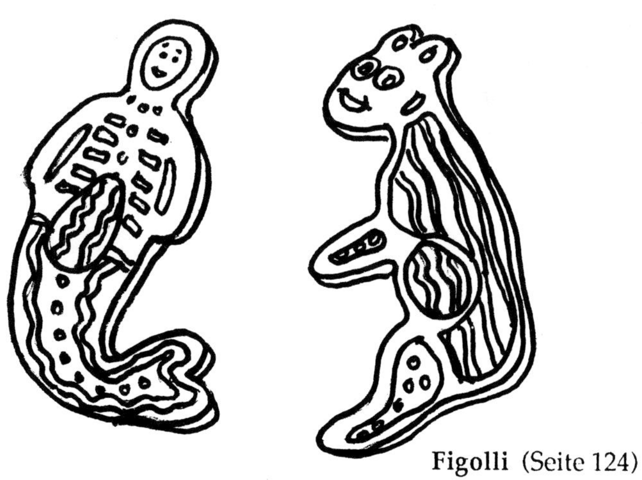

Figolli (Seite 124)

BISKUTTINI TAL-MAGHMUDIJA

Kleine Kekse für die Taufe

8 Eier, getrennt
800g Mehl
1 TL Bikarbonat
800g brauner oder weißer Zucker
25g Zitronat (fein gehackt)
25g Orangeat (fein gehackt)
1/2 TL zermahlene Gewürznelken
1 kräftige Prise Zimt

Eiweiß steifschlagen, Eigelb, Zucker, Orangeat und Zitronat und Gewürze einrühren, dann das mit Bikarbonat vermischte Mehl vorsichtig unterheben.
Eine Backform mit einem gefetteten, bemehlten, mit Zucker bestreuten Pergamentpapier ausschlagen.
Von dem Teig mit einem Eßlöffel runde Nockerln abstechen und auf dem Pergamentpapier in Reihen verteilen. Im heißen Rohr etwa 10 min backen, dann die Kekse mit einer hauchdünnen Glasurschicht überziehen und zum Schluß mit blauen, für Jungen und rosa, für Mädchen, Glasurlocken verzieren.

Mqaret (Seite 119)

MQARET

Mit Datteln gefüllte Diamanten

Diese sehr traditionelle und populäre Süßigkeit wird von Straßenverkäufern auch im Freien (z.B. auf Märkten und am Stadttor Vallettas) gebacken und als heißer Imbiß verkauft. Versäumen Sie es nicht, wenn Sie noch in Malta sind, diese köstliche Süßigkeit zu probieren. Sie werden nicht enttäuscht sein.
Für den Teig:

450g Mehl
110g Margarine
1 EL Zucker
1 EL Anislikör
*1 EL Ilma Zgħar (Orangenblütenwasser)**

Für die Füllung:

360g entsteinte und getrocknete Datteln
abgeriebene Schale einer Zitrone
abgeriebene Schale einer Mandarine (oder Orange)
1 Prise gemahlene Gewürznelken
1 EL Anislikör
1 EL Orangenblütenwasser.

Das Mehl mit der Margarine kurz durchkneten, Zucker untermischen, mit Anislikör und Orangenblütenwasser befeuchten. Die Datteln zerschneiden, mit warmem Wasser gut bedeckt, 1 Std einweichen. Im selben Wasser erhitzen und 5 min kochen lassen. Abgießen und die Datteln, mit den restlichen Zutaten, einmal durch den Fleischwolf drehen.
Den Teig in dünne, längliche 12cm breite Streifen ausrollen. Die Teigränder (1 cm) mit Wasser bestreichen und die Teigmitte mit der Dattelmasse belegen. Der Länge nach zusammenlegen und die Ränder gut zusammendrücken.
Mit einem spitzen Messer, in 10cm Abständen, schräg einschneiden

und die rautenförmigen *mqaret* ausstechen. Die *mqaret* in heißem Öl schwimmend goldbraun backen. Abtropfen lassen und heiß servieren.

*s.S. 7.

KWAREŻIMAL

Süßspeise der Fastenzeit

Diese Süßspeise enthält weder Fett noch Eier und schmeckt trotzdem! Sie wird traditionell während der Fastenzeit gebacken.

400g Mehl
400g brauner Zucker
400g leicht geröstete, gemahlene Mandeln
1/2TL Zimtpulver
1/2TL zermahlene Gewürznelken
1 TL Kakaopulver
*1 EL Orangenblütenwasser**
abgeriebene Schale einer halben Zitrone
abgeriebene Schale einer halben Mandarine (oder Orange)
zum Verzieren :
Honig, Mandeln, Pistazien

Das Mehl in eine Schüssel sieben, die restlichen Zutaten hinzufügen, gut vermischen, soviel Wasser hinzugießen, daß ein fester Teig entsteht, und durchkneten.
Zerteilen und daraus längliche, fingerdicke, 15 cm x 5 cm große Stücke formen.
Auf ein gebuttertes Backblech legen, die Oberseiten mit einem spitzen Messer in Abständen von 2 cm kreuzweise einschneiden und bei mittlerer Hitze 20 min backen.
Erkalten lassen, mit gutem Honig bestreichen und mit grob gehackten Mandeln und Pistazien bestreuen.

*s.S. 7

PRINJOLATA

Piniennußkuchen

Prinjolata ist die traditionelle Karnevalssüßspeise. Während der Karnevalswoche wird jedes Konditoreischaufenster in Malta mit diesen hübschen *prinjolata* "Bergen" geschmückt sein.

150g Butter
200g Streuzucker
12,etwa 3 cm dicke Scheiben, Sandkuchen
120g Zucker
1Eiweiß
Vanilleschote oder ein paar Tropfen Vanilleessenz
50g geröstete und gemahlene Pinienkerne
50g ganze Pinienkerne
50g kandierte Kirschen
50g dunkle Schokolade

In einer Rührschüssel Butter und 200g Streuzucker mit dem elektrischen Handrührgerät gründlich mischen, bis eine cremige Masse entsteht. Eine Schale in ein warmes Wasserbad stellen und darin das Eiweiß verrühren. Unter ständigem Schlagen die restlichen 120g Zucker, $^1/_2$Tasse Wasser und als letztes die Vanille, hinzufügen. Vom Herd nehmen, völlig auskühlen lassen, nach und nach unter die Buttercreme heben, und die gemahlenen Pinienkerne sorgfältig darunterziehen.
Eine Puddingform mit Öl fetten und, abwechselnd mit den der Länge nach halbierten Sandkuchenscheiben und der Butter-Zucker Masse, bis zum Rand füllen.
Über Nacht fest werden lassen.
Vor dem Servieren vorsichtig stürzen : die *prinjolata* wird wie ein kleiner, schneebedeckter Berg aussehen.
Nun mit den ganzen Pinienkernen, Schokoladenstreuseln und den kandierten Kirschen verzieren.

✠

QAGHAQ TAL-ĠUNĠLIEN

Sesamringe

450g Mehl
225g Margarine
200g Zucker
1 Ei
Saft einer Zitrone
geriebene Schale 1/2 Zitrone
Sesamsamen

Das Mehl mit der Margarine vermischen. Zucker, geriebene Zitronenschale und das Ei mit Zitronensaft verrührt hinzufügen und gut durchkneten.
Den entstandenen Teig zu einer Rolle formen und davon, mit bemehlten Händen, eigroße Stücke abtrennen und zu fingerdicken Spiralen oder Ringen formen.
Auf ein gebuttertes Blech setzen, großzügig mit Sesamsamen bestreuen und im heißen Ofen 25 min backen.
Man ißt sie zu Kaffee.

KANNOLI

Mit Rikotta gefüllte Teigröhren

Für den Teig:

400g Mehl
3 EL Zucker
3 EL Margarine
2 Eigelb
1 Glas Rotwein

Für die Füllung:

400g Rikotta†
4 EL Zucker
2 EL Honig
75g bittere Schokolade
75g gemischte, kandierte Früchte
1 Prise Zimt
4 Tropfen Vanille (oder Vanilleschote)
50g Mandeln

Die Margarine mit dem Mehl kurz durchkneten, den Zucker untermischen und mit den, mit dem Wein verrührten Eigelb zu einem festen, gut durchgekneteten Teig verarbeiten. Eine Stunde ruhen lassen.
Inzwischen die Rikottafüllung bereiten. Den mit Zucker und Honig gesüßten Rikotta mit den kleingeschnittenen kandierten Früchten, der geriebenen Schokolade und den gerösteten Mandeln gut vermischen. Mit Zimt und Vanille würzen. Den Teig hauchdünn ausrollen. Die Metallröhren* außen mit Öl bestreichen und mit Teig umhüllen.
In heißem Öl schwimmend, braun backen, abtropfen lassen. Die Teighüllen vorsichtig von den Metallröhren abziehen und mit der Rikottamasse füllen.
Zum Schluß die *kannoli* in reichlich Puderzucker rollen.
Im Kühlschrank aufbewahren.

*Diese Metallröhren, 10 cm lang, mit einem Durchmesser von 2 cm, für *kannoli,* sind in jeder Konditorei erhältlich.
†*Rikotta* s.S. 8.

FIGOLLI

Osterfiguren

Zu Ostern bekommt jedes Kind einen oder mehrere dieser hübschen Osterkuchen geschenkt.

Für den Teig:

400g Margarine
800g Mehl
200g Zucker
3 Eigelb
Schale einer kleinen Zitrone
Wasser

Für den Belag:

400g Zucker
400g Mandeln
3 Eiweiß

Das Mehl auf ein Arbeitsbrett sieben, Margarine, Zucker, geriebene Zitronenschale, Eigelb und, bei Bedarf etwas Wasser, hinzufügen. Zuerst alles trocken zerbröseln, dann das Ganze rasch zu einem glatten Teig kneten.
Den Teig ruhen lassen und währenddessen den Belag vorbereiten. Den Zucker mit den Mandeln zusammen zermahlen. Eiweiß zu steifem Schnee schlagen und unter die Mandelmasse heben. Den Teig nun auf dem bemehlten Brett 3mm dick ausrollen und daraus mit einem spitzen Messer, oder mit dem Teigrad, die verschiedenen Figuren* (z.B. Herzen, Fische, Seejungfern, Lämmer, usw) ausschneiden. Für jede *figolla* zwei Teigfiguren ausschneiden.
Die Figuren flach auf die Tischplatte legen und die Ränder mit Wasser befeuchten. Nun die unteren Teigfiguren dick mit dem Mandelbelag bestreichen und die zweite Figur auf ihr Gegenstück legen, die Ränder leicht zusammendrücken.

Die *figolli* in den Ofen schieben und bei mittlerer Hitze ca. $^1/_2$ Std golden backen.
Erkalten lassen und nach Belieben mit Glasur schmücken.

*Heutzutage gibt es in jedem Haushaltswarenladen besondere (18 cm x 9 cm) Metallfiguren zu kaufen, mit denen die *figolli* ausgestochen werden.

PUDINA TAL-HOBŻ

Brotpudding

500g altes Weißbrot (mit Kruste)
$^1/_4$ l Milch
1 Glas Rum
3 Eier, geschlagen
100g Sultaninen
50g Orangeat
abgeriebene Schale einer Zitrone
3 EL Kakaopulver
3 EL Zucker
$^1/_2$ TL Zimt
50g Butterflöckchen

Das Brot über Nacht in Milch und Rum einweichen, ausdrücken und die Flüssigkeit aufheben.
Das Brot zerquetschen und mit den restlichen Zutaten vermengen, die Flüssigkeit zugießen und nochmals vermischen. Eine gebutterte Puddingform oder eine kleine Kasserolle mit der Brotmasse füllen und Butterflöckchen daraufsetzen.
Bei schwacher Hitze goldbraun backen bis der Messereinstich sauber bleibt.
Warm oder kalt servieren.
Ein einfaches, billiges aber auch köstliches Dessert.

TORTA TAL-MARMURAT

Torte mit Mandeln, kandierten Früchten, und Schokolade

Für den Teig:

200g Mehl
100g Margarine
1 Eigelb
1 gehäufter EL Zucker

für den Belag:

200g Mandeln
200g kandierte Früchte
100g bittere Schokolade
100g Zucker
1 TL Zimt
3 Eier

zum Bestreichen:

dunkle Kuvertüre

Das Mehl in eine Schüssel sieben, Eigelb, Fett, Zucker und etwas Wasser hinzufügen und zu einem festen Teig verkneten. Den Teig ruhen lassen und inzwischen den Belag bereiten. Die Eier mit dem Zucker schaumig rühren, die gerösteten, gestoßenen Mandeln, die kleingeschnittenen, kandierten Früchte und die geriebene Schokolade untermischen, mit Zimt würzen.

Eine runde, flache Form mit dem Teig auslegen, mit der Masse bestreichen und bei mittlerer Hitze etwa 40 min backen. Die Kuvertüre schmelzen und die fertige Torte damit überziehen.

IMBULJUTA

Kastaniensuppe

Seltsam unter den Süßspeisen eine Suppe zu finden.
Heiße Kastaniensuppe wird am Karfreitag gegessen, nachdem die feierlichen Prozessionen zu Ende gegangen sind.

400g geschälte, getrocknete Kastanien
2cm Zimtstange
4 Gewürznelken
100g Kakaopulver
200g brauner Zucker
50g bittere Schokolade
Mandarinen-und Zitronenschale

Die Kastanien über Nacht einweichen. Im selben Wasser, mit den restlichen Zutaten zum Kochen bringen und sieden lassen, bis die Kastanien weich sind. Mandarinen-und Zitronenschale, Gewürznelken und Zimtstange herausnehmen. Die heiße Suppe in Tassen gießen und nach Belieben mit einem Schuß Rum verstärken.

BAJTAR TAX-XEWK

Kaktusfeigen

Die **Opunitia ficus indica** ist der häufigste wahre Kaktus der im Mittelmeerbereich gedeiht. Er ist ursprünglich eine tropische Pflanze und sollte zum ersten Mal von Christoph Kolumbus nach Europa eingeführt worden sein.
Ich habe beschlossen dem "Süßigkeiten" Kapitel die Frucht dieser Pflanze beizufügen, weil sie wild wächst und im Sommer bei uns verkauft wird.
Viele Besucher fragen mich ob Marmelade aus dieser Frucht gekocht wird. Ich habe bisher auf Malta von diesem Gebrauch nicht gehört.
Diese ovalförmigen, eiähnlichen Früchte sind beliebt weil sie ansehnlich, ziegelrot, purpur oder gelb in Farbe sind und auch billig und besonders erfrischend, wenn man sie aus dem Kühlschrank ißt.
Der Geschmack ist jedoch sanft wässerig und nun ein wenig süß.
Normalerweise werden die Früchte in einen Eimer Wasser gelegt, so sich die kleinen, feinen Stacheln an der Schale erweichen.
Danach wird die Schale aufgeschnitten, so, daß der Käufer bloß die Frucht daraus zu nehmen braucht.
Warnung: nicht selbst abpflücken oder abschälen!
Kaktusfeigenverkäufer sind ein häufiger Anblick bei uns im späten Sommer.

✠

INHALTSVERZEICHNIS